UNKNOWN PLEASURES

© Chris Ott, 2004
Esta versão foi publicada a partir do acordo com a Bloomsbury Publishing Plc.

Chris Ott

UNKNOWN PLEASURES

Tradução de
Gabriela Fróes

Cobogó

SUMÁRIO

Sobre a coleção **O LIVRO DO DISCO** — 7

Prefácio, 18 de maio de 2003 — 9

1. Não tolere a ficção — 11
2. A ilusão desaparece — 37
3. O disco está vivo, e aquilo que se gravou nele está vivo — 63
4. Seu próprio voo é presença disfarçada — 83
5. A Helena — 101

Agradecimentos — 109

Pós-escrito — 111

Sobre a coleção **O LIVRO DO DISCO**

Há, no Brasil, muitos livros dedicados à música popular, mas existe uma lacuna incompreensível de títulos dedicados exclusivamente aos nossos grandes discos de todos os tempos. Inspirados pela série norte-americana 33 ⅓, da qual estamos publicando volumes essenciais, a coleção O Livro do Disco traz para o público brasileiro textos sobre álbuns que causaram impacto e que de alguma maneira foram cruciais na vida de muita gente. E na nossa também.

Os discos que escolhemos privilegiam o abalo sísmico e o estrondo, mesmo que silencioso, que cada obra causou e segue causando no cenário da música, em seu tempo ou de forma retrospectiva, e não deixam de representar uma visão (uma escuta) dos seus organizadores. Os álbuns selecionados, para nós, são incontornáveis em qualquer mergulho mais fundo na cultura brasileira. E o mesmo critério se aplica aos estrangeiros: discos que, de uma maneira ou de outra, quebraram barreiras, abriram novas searas, definiram paradigmas — dos mais conhecidos aos mais obscuros, o importante é a representatividade e a força do seu impacto na música. E em nós! Desse modo, os autores da coleção são das mais diferentes formações e gerações, escrevendo livremente sobre álbuns que têm relação íntima com sua biografia ou seu interesse por música.

O Livro do Disco é para os fãs de música, mas é também para aqueles que querem ter um contato mais aprofundado, porém acessível, com a história, o contexto e os personagens ao redor de obras históricas.

Pouse os olhos no texto como uma agulha no vinil (um cabeçote na fita ou um feixe de laser no CD) e deixe tocar no volume máximo.

Prefácio, 18 de maio de 2003

Estou ouvindo uma versão cover de "Disorder", a primeira música de *Unknown Pleasures*, álbum de estreia do Joy Division. Essa versão foi gravada no auditório de uma igreja comunitária em Dallas, no Texas, em março de 1994, por uma banda chamada Bedhead, usando apenas um microfone, estrategicamente posicionado. O Bedhead compunha músicas austeras, quase monásticas, e as inseria em álbuns com capas minimalistas. Desta forma, mantinha-se deliberadamente na sombra da efêmera banda de Manchester que eles homenageiam nessa faixa. E, no entanto, não há oportunismo algum nessa aproximação: a versão de "Disorder" gravada pelo Bedhead exprime a internalização de um passado que eles só podem lamentar, sem cair em uma apropriação irresponsável ou mesmo ingênua do som tão peculiar do Joy Division. Em um reconhecimento nostálgico do poder de permanência da música, "Disorder" só foi tocada ao vivo algumas poucas vezes ao longo dos sete anos de existência do Bedhead, e sempre como a música de encerramento do show. Como uma despedida da cidade adotiva do vocalista, "Disorder" foi a última música tocada pela banda em Boston, em uma noite frígida de primavera, em 1998.

Hoje faz 23 anos que — aos 23 anos — Ian Curtis cometeu suicídio. Sua voz singular alçou as canções angustiantes do Joy

Division a um eterno deslumbramento, mas, com relação a seu legado, Curtis permaneceu desconhecido em vida, tendo feito apenas 11 shows fora da Inglaterra, sua terra natal, e menos de cinquenta pelos arredores de Manchester. Suas letras demonstravam um talento inato e crescente para a forma poética que, embora pouco explorado, só poderia ser chamado de genial. A princípio ingênuas, as duras observações sobre as falhas da sociedade abriam caminho para um fatalismo devastador, ao mesmo tempo que Curtis voltava seu olhar irredutível e implacável para si. Essa autoanálise violenta gerou versos angustiados de uma honestidade tão crua que era impossível para as pessoas próximas a ele — concentradas apenas nas letras ou chocadas com o que aconteceu depois — reconhecer em suas palavras um literal grito de socorro.

Décadas depois, continuamos a lamentar essa perda tão trágica. À medida que a comunicação online expõe os desejos reais dos fãs da música pop — permitindo que conversem entre si —, o Joy Division vem aparecendo como um dos grupos musicais mais significativos e renomados de todos os tempos. Imune à crítica elitista e aos formadores de opinião, sua música se tornou um rito de passagem para qualquer pessoa que esteja minimamente interessada nas histórias do punk e do rock alternativo. Ainda que sua fama se deva muito à fascinação romântica pelo suicídio e ao sucesso obtido mais tarde pelo New Order, as músicas do Joy Division desafiam imitações e continuam a confundir os ouvintes com sua gravidade e grandeza ímpares.

1. Não tolere a ficção

A obra dramática e distante do Joy Division permanece como uma das curiosidades mais desafiadoras do rock'n'roll. Formado no rastro da explosão do punk rock britânico, o grupo ficou conhecido por alguns minutos como Stiff Kittens, por alguns meses como Warsaw e para a eternidade como autor de clássicos espectrais como "Love Will Tear Us Apart", "Transmission" e a climática "Atmosphere". O começo da banda não é especialmente extraordinário, mas sua furiosa evolução no curso de apenas três anos é testemunho de imaginação destemida, determinação dedicada e espírito inovador, mais potentes do que os de qualquer outra banda da história da música popular.

A ousadia de Jim Morrison e Iggy Pop revelou a habilidade do rock em desafiar mais que apenas a plateia de um show: jovens nova-iorquinos abraçaram suas solidões e encontraram a liberdade no desprezo irônico pelas estrelas iludidas e emocionalmente desconectadas do pop. Frustrada pelo mal-estar, pelo conservadorismo e pela paranoia bipolar dos Estados Unidos do pós-guerra, uma poesia dilacerada da futilidade, nascida em Bowery, floresceu em meados dos anos 1970. O Velvet Underground — a banda da Factory de Andy Warhol — tinha acabado, mas suas canções deprimidas ofereceram um quadro muito mais sombrio para o rock'n'roll, inspirando Richard Hell, os New York Dolls e, mais diretamente, o Television. Mas foram os Ramones, cheios de energia, com suas jaquetas de couro, seus jeans sujos e sua ironia roqueira pós-moderna, que acabaram por definir o punk no consciente coletivo. Os covers acelerados e alucinados de músicas dos Beach Boys e das Ronettes, no álbum de estreia da banda, chegaram ao Reino Unido em 1976 e serviram como um manual de instruções para bandas como Sex Pistols e The Clash. Mas o pop irônico e contagiante do Ramones teve graves implicações quando misturado com política ou gritado nos clubes ingleses, em um momento em que realmente não havia nenhuma esperança no futuro.

O punk rock dividiu a Inglaterra instantaneamente, ao mesmo tempo identificando e incorporando o fracasso econômico do país. Armados com ultraje e com o seu mentor Malcolm McLaren, os pirralhos de bochechas vermelhas do Sex Pistols correram para celebrar a anarquia ideológica. Como disse Todd Rundgren em sua série de documentários *A história do rock'n'roll*, o lema "Cash from Chaos" [Dinheiro do caos] espalhou-se rapidamente, porque "a Inglaterra era: a) muito mais consciente que a América em termos de moda e b) pobre". Sem nada a perder, eles tinham tudo a ganhar.

Os futuros membros do Joy Division haviam sido criados numa paisagem industrial decadente, com fábricas de produtos químicos vazias, todos em algum grau de pobreza. E, ainda que o Sex Pistols fosse igualmente ou mais desfavorecido, em Londres a banda tinha acesso a uma rede social de investidores abastados. O fato de estar na metrópole dava ao grupo londrino uma sensação de urgência: a crença egocêntrica de que o que eles estavam fazendo poderia mudar o mundo. Exceto por Tony Wilson, defensor da banda e subcelebridade local, os integrantes do Joy Division levavam vidas relativamente desconectadas em Manchester, uma cidade que defendia como virtudes a autossuficiência e o orgulho. Para os mancunianos — como eram chamados os nativos de Manchester —, o que tinha acontecido em Londres devia ser criticado, não sacramentado. Os primeiros grupos punk de Londres superaram essa desconfiança enraizada graças a sua fúria, originalidade e grandiloquência. Antes que a infâmia manchasse sua luz, inicialmente intocada e anárquica, o Pistols trouxe esperança para o público da mesma forma que seus predecessores nos Estados Unidos. Sua desconstrução do rock, insolente e exuberante, inspirou outros colegas, que criariam, a partir dali, músicas ainda mais marcantes.

Como muitas anedotas dessa famosa história, já foi dito várias vezes que Peter Hook comprou um baixo por 35 libras um dia depois do famoso show do Sex Pistols em 4 de junho de 1976 no Manchester Free Trade Hall, sem ter ideia de como tocá-lo. Ainda que o barulho feito por ele no instrumento nos deixe maravilhados até hoje, a lenda perdura não apenas pelo desempenho de Hook no Joy Division, mas porque pontua um evento muito significativo, que serviu de introdução ao filme biográfico *24 Hour Party People* [A festa nunca termina], da Factory Records, e ainda ganhou seu próprio livro, *I Swear I Was There* [Eu juro que estava lá], que mais tarde foi adaptado para um documentário da Granada TV. (Mesmo que milhares de pessoas aleguem ter estado naquele primeiro show do Pistols no Manchester Free Trade Hall, a plateia somava apenas 42 pessoas.) "Foi completamente bizarro, a coisa mais chocante que já vi na vida", lembrou Hook no *New Music Express*. Na plateia, estavam Bernard Sumner e Peter Hook, seu futuro empresário, Rob Gretton, o engenheiro de som e produtor novato Martin Hannett, o repórter da Granada, Tony Wilson, e o ator Alan Erasmus, melhor amigo de Wilson na época.

Os rapazes do Pistols, apenas algumas semanas depois de iniciarem suas carreiras e antes de se tornarem párias da mídia, voltaram no mês seguinte, permitindo que os Buzzcocks — a banda ainda em formação de Pete Shelley e Howard Devoto que os havia levado a Manchester antes — fizessem sua estreia oficial em 20 de julho (exatamente uma semana depois da publicação do primeiro fanzine punk do Reino Unido, o *Sniffin' Glue*, de Mark Perry). Foi a primeira vez que Ian Curtis viu o Sex Pistols e, como Sumner e Hook, ele ficou definitivamente alterado (e talvez por razões diferentes: o show acabou se transformando em uma disputa entre cockneys e mancunianos, se xingando durante e depois do show). Enquanto a surpresa e o choque se refletiam nos rostos de apenas uma dúzia de curiosos e fãs de música bem-informados (e provavelmente mais uma dúzia de perdidos sem noção) naquele 4 de junho, o show do dia 20 de julho foi um evento, uma proposta que dividiu mas que também deu energia à juventude de Manchester.

O punk como movimento nacional só se tornou um fenômeno inquestionável e palpável um mês depois, em agosto de 1976. The Damned, Nick Lowe e os roqueiros de pub proto-punks Eddie & The Hot Rods tocaram no Punk Festival de Mont De Marsan, na França, no dia 5 de agosto, e Ian Curtis e sua esposa, Deborah, ambos ainda adolescentes, viajaram para assistir a esse show três semanas antes de seu primeiro aniversário de casamento. Deborah Curtis conta detalhes dessa viagem em seu livro de memórias *Tocando a distância: Ian Curtis e Joy Division* (leitura obrigatória para quem se interessa pela história da banda), mas o festival francês foi ofuscado por aquele que se tornaria o evento definitivo do punk rock daquele ano, o show Screen On The Green, de 29 de agosto de 1976, em Islington, com participação de The Clash, Buzzcocks e Sex Pistols. Quando

Bernard Sumner e Peter Hook conheceram Ian Curtis nos shows triunfantes do Pistols no Electric Circus, em dezembro, os londrinos maníacos e maltrapilhos já tinham chocado toda a cidade de Manchester no programa de variedades *So It Goes*, de Tony Wilson, e o termo "punk rock" já se tornava uma ameaça de incêndio que colocaria fogo na sociedade britânica.

A simplicidade, a desconfiança e o egoísmo eram conceitos implícitos ao punk rock, bem como a prova de sua ruína, visto que seus representantes principais se jogaram na obstinação excessiva e no absurdo em alta velocidade e sem rede de proteção. Ao redor deles, as bandas aderiam à moda do couro e spikes de metal, usando essa nova liberdade como desculpa para o abuso, quebrando seus instrumentos em uma aposta narcisista por fama, dinheiro e mulheres. O grupo que mais tarde se tornaria o Joy Division cresceu sem interesse aparente por esse caos e essa agressão pouco criativos — qualquer que fosse a fama que atingissem, seria mérito apenas de sua música.

Sumner e Hook vinham ensaiando juntos há alguns meses, usando um amplificador caseiro feito por Sumner, adaptado de uma antiga vitrola de sua avó. Curtis se juntou como vocalista à "banda" que nascia depois de um encontro em dezembro de 1976, mas eles não conseguiram encontrar um baterista adequado, nem mesmo decidir um nome para o grupo até o dia de seu primeiro show, seis meses depois.

O apelido inicial Stiff Kittens foi, talvez, levado a sério demais ao longo dos anos por fãs e críticos, em grande parte graças a referências jocosas vindas da Factory Records e da própria banda. A história conta que, um dia, uma mulher que morava no andar de cima dos Buzzcocks gritou, ao ver que sua gata havia parido uma ninhada inteira sem vida: "Esse quarto está cheio de gatinhos duros [*stiff kittens*]!" Pete Shelley, o líder, e Richard Boon, empresário dos Buzzcocks, acharam aquilo hilário e juraram que um dia usariam aquela expressão, oferecendo-a então a Ian Curtis, que andava rondando o estúdio durante as sessões de 28 de dezembro para o EP *Spiral Scratch*. Curtis nem tinha uma banda ainda, então é perfeitamente possível que tudo tenha sido apenas uma piada de Boon e Shelley, uma forma de tirar sarro do jovem amigo. Peter Hook relembra a dívida da banda com eles: "Tivemos uma reunião com Pete Shelley em um pub em Broughton e perguntamos a ele como se forma uma banda. E ele nos disse."

O grupo então novato, com o amigo inexperiente Tony Tabac na bateria, foi anunciado por Boon como Stiff Kittens para tocar na abertura do show dos Buzzcocks em 29 de maio de 1977, no Electric Circus. No dia do show, os integrantes exigiram que Boon mudasse o nome da banda, aborrecidos com a falta de seriedade da expressão e com o fato de que não era uma criação deles. Já tinha sido decidido que o nome seria Warsaw, que pelo menos não começava por "The", como Bernard observou mais tarde.

Paul Morley, músico, crítico, autor e jornalista de Manchester, ouvinte fervoroso e consumidor apaixonado de tudo que era pop em sua juventude, escreveu uma crítica justa (se não generosa) a respeito do primeiro show do Warsaw para a principal publicação de rock britânica da época, a semanal *New Musical Express*. Morley já estava completamente envolvido no cenário musical de Manchester: ele tinha seu próprio fanzine e havia tocado com alguns poucos grupos punk medíocres como os Negatives (antes de formar a triunfante e criativa Art of Noise, em 1982). Assim, a dissecação detalhada e encorajadora do Warsaw feita pelo crítico ajudaria mais tarde a banda a avançar para além de seu limitado começo. Ele ainda teria de render-se à banda e ao vocalista de quem viria a se tornar incrivelmente próximo ao longo dos anos, mas, quando comparados com outras críticas do show, os comentários de Morley — do tipo "Existe uma fagulha de diferença em relação às novas bandas que sugere que o Warsaw ainda tem muito espaço para explorar" — parecem bastante positivos. Como era de esperar, a reação dos jornalistas de publicações mais populares foi menos indulgente e teve um peso muito maior que o interesse de Morley. O artigo amargo e desdenhoso de Ian Wood na *Sounds* foi muito mais mencionado e se referia a Bernard como um "refugiado da escola pública" e dizia que Curtis "não causava impacto algum". Na verdade, o único elogio feito por ele ao grupo foi ao boné de couro de Peter Hook.

Ian Curtis viria a intimidar o público com sua presença de palco frenética e explosiva, mas, em retrospecto, sua compreensível insegurança inicial e os trajes do Warsaw, que faziam alusão ao nazismo — calças de couro e bigodes dos anos 1940 —, eram constrangedores. O amigo e primeiro baterista da banda, Tony Tabac, se sentia desconfortável com o estilo da banda, e saiu no final de junho. Foi instantaneamente substituído por Steve Brotherdale, que melhorou muito a potência do som da banda, ainda que seu estilo punk enlouquecido limitasse a dinâmica do grupo.

Em julho de 1977, o Warsaw tocou repetidamente em dois pubs de Manchester: Rafters e The Squat, um casebre em ruínas localizado na rua Devas, próximo da avenida Oxford (hoje em dia a Devas é mais conhecida como rua de passagem para o Contact Theatre e seu Deluxe Bar). A evolução da banda a partir do punk ingênuo e politizado foi rápida: de seu material mais antigo, "Failures" — que inicialmente incluía o parêntese "(of the Modern Man)" — é a dívida musical mais notória da banda, praticamente uma cópia de "New Rose", do Damned, o primeiro single do punk. Ainda assim, uma certa energia concentrada compensava essa similaridade, contrastando com grande parte das outras faixas do Warsaw dessa época, que, se comparadas, eram monótonas. A única música memorável dessa primeira leva é "At a Later Date", que acabou sendo a primeira gravação da banda. Como todas as músicas antigas do Warsaw, a primeira gravação de "At a Later Date" em estúdio encontra-se amplamente disponível em *Warsaw*, um CD suspeito, mas onipresente, com o rosto de um bebê na capa.

Desde 1994, a gravadora portuguesa Movie Play Gold vem lançando regularmente um CD do Warsaw. Ainda que a arte da capa, quase amadora, vá de encontro ao legado de design da Factory Records, as informações de gravação e a lista de faixas estão corretas, inclusive pela menção a Steve Brotherdale, que foi excluído do grupo após as primeiras sessões de gravação. Ao que tudo indica, trata-se de uma versão pirata que explora direitos europeus mal definidos: a gravadora Zomba se responsabilizou pelos direitos globais do catálogo do Joy Division a partir do momento em que assinaram com a Factory Records, mas essas faixas demo de baixa qualidade nunca foram absorvidas retroativamente pela empresa. Não se sabe se elas foram vendidas para a Intermusic SA antes que a Zomba soubesse delas, mas com certeza os membros do Joy Division não teriam lançado um material tão inconsistente, e mesmo a Factory Records — que tinha lançado uma boa quantidade de "arquivos" *post-mortem* de qualidade questionável — teria de concordar que essas faixas não deveriam ser comercializadas, nem mesmo como arquivos históricos. No entanto, para os fãs mais devotos do Joy Division, *Warsaw* é um documento valiosíssimo, que combina duas sessões não lançadas com esse mesmo nome: as faixas demo de maio de 1978 para a RCA —

sobre as quais falaremos em breve — e sua primeira sessão de gravação, com cinco músicas produzidas por eles próprios em 18 de julho de 1977 nos estúdios Pennine Sound, em Oldham.

Demo Warsaw

Gravada em 18 de julho de 1977 nos estúdios Pennine Sound, em Oldham. Gravação independente. (Nunca foi oficialmente lançado. Disponível no CD *Warsaw* da Movie Play Gold.)

At a Later Date
Gutz
Inside the Line
The Kill
You're No Good For Me

As performances aqui são completamente amadoras. As faixas de guitarra de Bernard Sumner são beneficiadas pela distorção, que mascara seus acordes imprecisos, mas o baixo de Peter Hook é descuidado e fora do tempo, parecendo ter sido gravado direto de seu amplificador para a fita. Ainda que a culpa dessas falhas técnicas possa ser atribuída à pressa causada por limitações financeiras, não havia sutileza sonora capaz de ajudar as habilidades de Peter Hook a essa altura. Ele ainda não tinha desenvolvido o estilo mais agudo pelo qual é conhecido agora, e suas linhas graves nessas faixas demo são um desastre. Criticar esses momentos é desnecessário: a sessão de gravação durou meio dia apenas, e tinha a intenção de ajudar o grupo, ainda iniciante, a conseguir mais shows. Cada membro saiu do estúdio com sua própria cópia da fita cassete, e ninguém sabe explicar o que aconteceu com as fitas master extremamente danificadas nas quais eles gravaram. Deborah Curtis tem certeza de que a versão pirata de *Warsaw* vem de uma dessas fitas cassete, e não das masters, e é muito provável que ela esteja certa: uma banda sem reconhecimento e com a situação financeira do Warsaw possivelmente foi rebaixada a uma gravação "econômica" em uma fita reciclada do estúdio, que provavelmente recebeu outra gravação por cima, dias depois. Por seu valor empírico marginal, essas músicas documentam o som pesado que o Warsaw tinha quando começou e, ainda que todas fossem ser arquivadas (indefinidamente) nos meses que se seguiram, elas já apontavam para duas das mais poderosas músicas do Joy Division, "Shadowplay" e "Dead Souls".

"Gutz" foi criada originalmente para ser o hino de abertura dos shows da banda, com Curtis gritando "*Warsaw!*" o mais alto possível, chamando a banda para a ação em um de seus híbridos Motörhead/Sex Pistols mais agressivos. A letra é uma confusão grotesca e machista de condenação, atacando todas as mulheres, desde as frequentadoras de pubs até sua esposa, chamando-as de figuras maternais controladoras e "prostitutas chiques". O ego e a arrogância de Curtis beiram o insuportável em versos como "Blame bad things on me/ Whatever you do/ When I come home/ My world is different from you" [Me culpe pelas coisas ruins/ Não importa o que você faça/ Quando eu chego em casa/ O meu mundo é diferente de você]. Imagina-se que parte dessa narrativa em terceira pessoa seja fruto da imaginação de Curtis, mas — como é detalhado por Deborah Curtis em *Touching from a Distance* — o casamento adolescente de Curtis era uma fonte constante de tensão e hostilidade, ainda que, de acordo com Deborah, isso acontecesse por culpa dele.

Extremamente dramático, Curtis descrevia uma vida doméstica taciturna para os amigos, apresentando cruelmente sua jovem esposa como a materialização das tarefas que considerava baixas demais para ele: o cotidiano doméstico do casamento e a vida de classe operária banal.

Vaga e paranoica, "The Kill" só é uma canção notável por causa do refrão expressivo e crescente: "It's a-nother, 'nother, 'nother, 'nother kill!" [É mais uma, mais uma, mais uma, mais uma morte!] A canção foi depois retrabalhada até ficar irreconhecível, com uma letra completamente nova, e, ainda que evidentemente fosse uma evolução da primeira versão, a gravação de "The Kill" de abril de 1979 nos estúdios Strawberry poderia certamente ter recebido um outro título. Longe de ser um sucesso, mesmo depois de reformulada, a segunda versão de "The Kill" só foi lançada no LP duplo póstumo, *Still*, em agosto de 1981.

O momento mais calamitoso no repertório de formação do Warsaw é, sem sombra de dúvida, a faixa pub-metal-bate-cabeça "Inside the Line", contendo gritos oi[1] de "Hey! You!" depois de cada verso. É um tipo de riff básico de rock difícil de ser aceito por qualquer pessoa familiarizada com o brilhante trabalho posterior da banda, mas é também a evidência mais forte de quão drasticamente o Joy Division mudaria ao longo do ano seguinte.

O Warsaw tinha passado boa parte dos seis meses anteriores trabalhando para a gravação da fita demo com um set que seguia a fórmula do punk, mas, logo depois de terminar a gravação, a banda se cansou dos limites sufocantes do gênero e da crescente tendência de outras bandas a curtir mais o status

---

[1] O oi é uma variação mais agressiva e radical do punk rock.

que a música. Já tendo tocado para plateias relativamente grandes em pubs, eles conheceram músicos e fãs experientes e passaram a se concentrar em novos sons em vez de nos clichês do rock que seu baterista costumava apreciar. Logo depois de ter gravado a demo do Warsaw, Steve Brotherdale se juntou a outra banda local, The Panik, hoje mais conhecida por causa de seu empresário, o DJ local Rob Gretton. Brotherdale tentou persuadir Ian Curtis a sair do Warsaw em agosto de 1977, convidando-o para cantar no single do The Panik, mas, previsivelmente, seus vocais de barítono não combinaram com aquele rock pós-pub. Logo depois, Brotherdale foi posto para fora do Warsaw. O baterista, que representava a ressaca do glam rock, contava vantagens por conta de seus conhecidos e entretia os frequentadores dos pubs com histórias de turnês nas estradas (alegava que tinha tocado na abertura de um show do Kiss), nunca se encaixou no Warsaw e, depois de ter tentado roubar Ian Curtis da banda, seu comportamento grosseiro não foi perdoado com a mesma facilidade de antes. Ainda assim, sua proximidade com Rob Gretton foi um bom começo para uma banda com tão poucas conexões e, apesar de o Warsaw não estar ainda na posição de ter um empresário em 1977, eles já estavam ganhando algum destaque no pequeno cenário musical de Manchester.

Na maior parte do verão e do outono de 1977, Curtis se escondeu no quarto triangular do apartamento em que ele e Deborah viviam em Macclesfield e que ele havia pintado de azul-celeste. Ele fumava Marlboros vermelhos e escrevia constantemente. Suas letras passaram a ter um tom mais nostálgico, com uma história mais linear, mas, por mais apaixonadas que fossem, suas ideias ainda mostravam uma visão de mundo um tanto ingênua e maniqueísta: suas condenações, repreensões e pregações eram superficiais e óbvias. Mal tendo completado vinte anos de idade, no entanto, seu melodrama era perdoável: a divindade artística ainda permanecia intocada no coração daquele colecionador de discos, e seus primeiros voos foram protegidos por uma mistura de adoração pela convicção egomaníaca de seus heróis, o desejo de obter seu sucesso e o medo de que pudesse falhar nessa missão.

Curtis tinha o brio e o ímpeto para impressionar pessoas cuja erudição ele invejava. Nunca puxa-saco ou bajulador, ele falava pelos cotovelos, e ainda que suas opiniões às vezes fossem consideradas audaciosas demais, ou completamente erradas, sua capacidade de ser direto, honesto e fervoroso sempre intrigava os mais velhos, mesmo que eles não o levassem a sério. Curtis exigia ser ouvido, recusava-se a aceitar que qualquer outra pessoa fosse o assunto central de uma conversa quando ele era obviamente mais talentoso, e foi agressivo ou ofendeu inúmeros músicos enquanto o Warsaw subia a escadaria da fama da Manchester do fim dos anos 1970.

"Eu só achei que ele era um cara bastante inteligente, feliz, divertido", lembra Bernard Sumner. "Ele não parecia deprimido de jeito nenhum; ele às vezes engatava em discursos categóricos sobre certos assuntos. Por exemplo, se você entrasse em um assunto que o provocasse, ele se alterava e começava a falar de um jeito meio louco, e aquilo parecia — devo dizer isso? — um discurso de Hitler. Mas era só nessas ocasiões, você tinha de ter cuidado para não acender essa chama."

Lembrando uma situação em que Curtis se aproximou de Gus Gangrene, da banda local The Drones (um grupo que, em seus primórdios, era apoiado e produzido por Paul Morley), ele resumiu seu excesso de cuidado: "Eu achei que seria fácil me enturmar. Quer dizer, eu era muito ingênuo... Não sabia se aquela banda em particular era boa ou não, mas eles estavam lá, nos palcos, fazendo shows. Eu estava impressionadíssimo com aquilo tudo." De todo modo, Curtis queria deixar sua marca, mas ele era um sabe-tudo que sabia muito pouco pelos padrões de muitos de seus contemporâneos mais antenados. Sentindo-se inseguro a respeito de qualquer possível ignorância, ele lia muito — obras densas de filosofia e literatura que lhe ofereciam opiniões rígidas — e ouvia os sons mais desafiadores do underground hiperativo da segunda metade da década de 1970.

O Throbbing Gristle se formou em Londres no início da explosão punk de 1976, mas foi pouco conhecido se compararmos com os Sex Pistols e suas canções mais acessíveis ao público e à mídia. Basicamente responsável pela música que ficou conhecida como industrial — e, naquele momento, era menos música e mais um barulho ensurdecedor —, o grupo incorporava prostitutas, pornografia e imagens do Holocausto naquele desastre em que tudo era considerado arte. Celebrado pelo "Contingente de Bromley" (grupo de seguidores do Sex Pistols que mais tarde formariam o Siouxsie & The Banshees e o Generation X), o Throbbing Gristle lançou seu LP de estreia, *Annual Report*, na esteira de um show em 18 de outubro de 1976 no ICA, em Londres, exibindo todo tipo de imagem "imprópria". A trupe rompia com as barreiras morais e artísticas mais que com barreiras políticas ou sociais; eles eram quase irreais, impossíveis de entender, e eram muitas vezes desqualificados pelos observadores confusos e conservadores como arte feita meramente para chocar o espectador. (Para ser mais fiel à realidade, eles eram simplesmente considerados uma "merda" por um número grande de desinteressados.) O Sex Pistols se apoiava na imagem já estabelecida de uma banda de rock'n'roll

— guitarra, baixo, bateria e vocalista muito famoso —, o que empolgava imensamente Ian Curtis (e o restante da juventude da Inglaterra). Mas, conforme ele explorava mais e mais sua música, Curtis ficou fascinado pelo imaginário controverso, fanfarrão e repugnante do Throbbing Gristle. Os flyers iniciais do Warsaw devem muito ao niilismo pós-guerra estilizado do Gristle.

Mergulhado de cabeça na arte feita para chocar o espectador e frequentemente vestido com um sobretudo do tempo da guerra, Curtis escreveu a explícita "Novelty", que proclamava a mudança de foco da banda: "Can't rest on your laurels now/ Not when you've got none/ You'll find yourself in a gutter/ Right back where you came from" [Não descanse sobre seus louros agora/ Não quando você não tem nenhum/ Você vai se encontrar na sarjeta/ O mesmo lugar de onde você saiu] O verso seguinte começava de forma muito honesta: "Someone told me being in the know is the main thing" [Alguém me disse que estar por dentro é o que importa] Curtis estava se forçando a lutar com o presente, a confrontar seus medos, mas o verso aqui citado ressoa de forma ainda mais pessoal quando se trata do guitarrista do Joy Division.

A rua em que Bernard Sumner foi criado na "velha" Salford (Lower Broughton) vinha desmoronando havia alguns anos, engolida por uma enorme fábrica de produtos químicos e inundada pelos dejetos que vinham dela. Ainda assim, em meio à imundície ambiental, ele apreciava o "forte senso de comunidade" que acabaria se extinguindo no bairro. Sua família foi forçada a se mudar para um bloco de apartamentos, assim como tantas outras durante a depressão dos anos 1970. Por volta da mesma época em que o Joy Division estava sendo formado, ele já estava fazendo bicos, desperdiçando sua vida adolescente em troca de um mísero contracheque. Talvez mais ainda que Ian Curtis, Sumner tivesse uma percepção aguçada sobre as possibilidades sombrias à sua frente, e a felicidade desiludida de sua adolescência provou ser uma motivação poderosa. Sumner (ou "Barney", como é conhecido por familiares e jornalistas melosos) pouco comenta sobre as origens do Joy Division, com exceção de reconhecer a mutabilidade de seu sobrenome[2] — ainda assim, se recusa a dizer qualquer coisa além de que tal mutabilidade se deve a "razões pessoais". Com frequência se recusa a reconhecer que o Joy Division um dia foi conhecido como Warsaw, o que talvez seja a contradição mais estranha de todos os relatos sobre o passado da banda. Flyers, fitas de gravação e os outros membros da banda foram citados — inclusive em entrevistas dos anos 1970 — se referindo ao grupo como Warsaw, até a troca do nome em 1977. Sumner posava com o nome artístico "Albrecht" nos tempos do Warsaw e no início do Joy Division. Ele dizia que "soava alemão", o que significava que o nome era intimidante para a Inglaterra da segunda metade dos anos 1970. No entanto, o nome era inofensivo: ele tinha trabalhado em um escritório cuja impressora fora nomeada em homenagem a Albrecht Pfister, o bávaro que produziu o primeiro livro ilustrado da história, *Edelstein*.

O Warsaw encontrou seu novo baterista permanente, Stephen Morris, por meio de anúncios em agosto de 1977, apenas algumas semanas depois de expulsar Steve Brotherdale. Com sua fama de "ser uma máquina da bateria", Morris chegou para catalisar o amadurecimento da banda. Diferentemente da

---

[2] Bernard Sumner, que hoje já comenta abertamente sobre seu sobrenome, foi registrado primeiro como Sumner (o nome de solteira de sua mãe), depois como Dickin (sobrenome de seu padrasto, que o adotou) e por último como Albrecht, um sobrenome artístico.

maioria dos bateristas, Morris ficava quieto nos intervalos entre as músicas durante os ensaios, o que significava que a banda podia ouvir o que estava tocando e pensando. Morris tinha um senso de humor incrível, e havia frequentado a mesma escola que Ian Curtis (ele era um ou dois anos mais novo que Ian). Curtis lembrava-se dele como parte do grupo de encrenqueiros que tinham sido suspensos por beberem xarope para tosse — uma atividade com a qual ele se identificava, já que ele também tinha um histórico de experimentação adolescente, que culminou em uma lavagem estomacal devido a uma overdose de clorpromazina, ou Largactil. Fenotiazinas como o Largactil — incluindo a droga mais conhecida, a americana Thorazine — são usadas para tratar distúrbios emocionais extremos como a esquizofrenia, e mesmo com doses prescritas podem causar derrames e tiques faciais. É tentador ligar esse acontecimento aos ataques posteriores de epilepsia paralisante que Curtis veio a apresentar. Mas, em *Touching from a Distance*, sua esposa Deborah relembra alguns incidentes que indicavam que Ian tivera epilepsia não diagnosticada desde a adolescência (sensação de estar fora do corpo e um colapso específico em 1972, após um show cujo palco era iluminado com luz estroboscópica).

A formação consolidada de Curtis, Sumner, Hook e Morris tocou em algumas datas iniciais — a mais notável sendo 27 de agosto, no Eric's, em Liverpool, o primeiro show da banda fora de Manchester —, mas eram shows de aquecimento: as novas intenções do Warsaw foram anunciadas oficialmente durante o fim de semana de encerramento do clube mais importante da era punk de Manchester, o Electric Circus. Nas noites de 1º e 2 de outubro de 1977, praticamente todas as bandas de Manchester tocaram um set nessa despedida do Circus, um evento gravado para a posteridade e lançado pelo selo Virgin, de Richard Branson.

Somente alguns grupos seletos (incluindo The Fall e The Drones) foram escolhidos para *Short Circuit: Live at the Electric Circus*, uma compilação em EP dessas performances lançada tempos depois do evento. O Warsaw deveria ter tocado na primeira noite, mas a apresentação foi adiada no último minuto em razão do excesso de bandas no evento. Sua versão de 2 de outubro para "At a Later Date" se beneficiou da tensão e da frustração causadas por esse atraso e, por ser uma faixa solitária, a canção resume bem o ano "punk" da banda. Sumner (como Albrecht) grita no início da faixa "Vocês todos se esquecem de Rudolf Hess!", em referência ao debilitado criminoso de guerra nazista então definhando sem cuidados adequados em uma prisão em Spandau após um ataque cardíaco. A intenção de Sumner era repreender as pessoas, lembrar à Europa e à Inglaterra do pós-guerra sua crueldade com Hess, que fora tratado como um bode expiatório, um tapinha preguiçoso nas costas garantindo a todos que pelo menos um homem estava pagando pelos crimes de seus pares. Mas a estocada política de Sumner foi mal interpretada como compaixão quando — por conta dos atrasos — *Short Circuit* foi lançado oito meses depois, chegando às prateleiras em junho de 1978, justo no momento em que a banda se preparava para lançar seu primeiro e controverso EP, *An Ideal for Living*.

Em novembro de 1977, uma banda londrina ambiciosa e desgrenhada chamada Warsaw Pakt inundou as lojas com seu engenhoso LP *Needle Time*. Com um apoio financeiro considerável da Island Records, o álbum foi gravado, masterizado, produzido, embalado e distribuído em um dia, das dez horas de sábado, 26 de novembro, às 19 horas de domingo. Graças à propaganda maciça, o disco vendeu 5 mil cópias na primeira semana de lançamento, mas, deixando clara a intenção da Island de colocar esse feito no *Guinness*, o livro dos recordes, o

Warsaw Pakt foi abandonado uma semana depois sem mais cerimônias. O guitarrista Andy Colquhoun lembra: "Fomos todos avisados de que era tudo experimental. Eles nos trataram bem, mas não nos ouviam. Foi meio como ser um daqueles participantes de programas de competição na TV."

No meio desse fiasco, o Warsaw — que já conversava sobre novos rumos para a banda — decidiu mudar o nome para Joy Division.[3] Foi uma escolha chocante se considerarmos a definição do termo, e somente devido à força de seus trabalhos posteriores é possível perdoar a banda pelo uso das imagens nazistas. Para muitos, o novo nome significava que Warsaw só podia ser referência à capital europeia em que os judeus poloneses foram massacrados depois de se rebelarem contra seus algozes. Foi uma coincidência infeliz, já que a banda sempre disse que seu nome veio de "Warszawa", uma faixa instrumental atmosférica de *Low*, álbum de David Bowie de 1977 adorado pela crítica. (Informações errôneas sobre a data de lançamento desse álbum levaram alguns jornalistas a especular que isso fosse uma mentira criada pela banda para acobertar a verdadeira história, mas o fato é que *Low* foi lançado em 14 de janeiro de 1977, bem antes de o nome Warsaw ser definido.)

A expressão "Joy Division" — assim como a passagem que Ian Curtis recita em "No Love Lost" — vem do livro *House of Dolls*, de Yehiel Dinur, uma narrativa profundamente perturbadora sobre os prédios (perto dos campos de concentração e das tropas militares) aonde as mulheres "de raça pura", selecionadas de forma subjetiva, eram levadas e abusadas de forma indescritível, ao gosto do comando (a qualificação racial era,

---

[3] "Repartição da alegria", ou "divisão do prazer", era o termo utilizado pelos nazistas para se referirem às mulheres deportadas, forçadas a trabalhar como escravas sexuais. [N.E.]

obviamente, uma mentira deslavada — muitas mulheres judias foram levadas para os mesmos quartéis). Por mais que a banda possa ter pensado que estava se identificando com, ou chamando atenção para o que foi talvez a maior atrocidade já cometida pelos nazistas, o nome Joy Division se referia a uma aberração tão ofensiva que provavelmente não deveria jamais ser associado a algo tão inconsequente quanto a música pop. Assim é a convicção e a intensidade da juventude.

Bernard Sumner: "Havia um abrigo antibombas em nosso quintal. Havia abrigos subterrâneos no fim da nossa rua, onde costumávamos brincar. Quando éramos crianças, todos os filmes na TV eram sobre a guerra. Então, quando você crescia e entendia o que havia acontecido, naturalmente aquilo parecia muito interessante. Não era educado falar a respeito — tínhamos de abandonar o assunto —, mas eu discordo de que não devíamos falar sobre isso, e acho que é por isso que ficávamos tão interessados. E tudo tinha acontecido uma década antes de a gente nascer, não fazia tanto tempo assim."

Em *I Swear I Was There*, de David Nolan, Peter Hook parece um pouco menos revisionista em sua nostalgia: "Bernard e eu costumávamos comprar camisetas de escoteiro e pintar a cruz suástica nelas, colocar distintivos do Exército alemão, coisas assim. Meu Deus, jamais poderíamos fazer isso hoje em dia!"

Em 1977, Ian Curtis estava disparando duras salvas políticas no grande fantasma da II Guerra Mundial. Ele reprovava o recolhimento resignado do país ao conformismo e o conservadorismo pós-guerra que foi comprovadamente a ruína da Inglaterra. O primeiro lançamento propriamente dito do Joy Division, um compacto chamado *An Ideal for Living*, foi feito para ofender tais covardes: era adornado com fonte alemã da era nazista e tremas extrínsecos sobre as vogais dos nomes dos instrumentos (por exemplo, Peter Hook, Bäixo). A imagem de capa, um jovem ariano tocando um tambor, foi retirada de um pôster de propaganda vintage. Com design de Bernard Sumner/"Albrecht", o encarte mostrava uma fotografia granulada em branco e preto de um soldado da infantaria nazista apontando seu rifle automático para uma pequena criança judia com as mãos levantadas, em rendição. Ainda que nem chegasse perto do imaginário grotesco exibido pelo Throbbing Gristle, era difícil distinguir aquela invocação triste e sombria do Holocausto das cruzes torcidas vestidas por Sid Vicious e pelas tropas de choque do Pistols.

As alusões ao nazismo já estavam em decadência dentro da comunidade punk quando a racista Frente Nacional iniciou suas marchas pelas ruas das grandes cidades da Inglaterra, mas o atrevimento inicial do Joy Division tinha intenção apenas de chocar. Sem fazer apologia à sua agressividade juvenil desmedida, é fácil ver que esses jovens — assim como os punks originais que preferiam a suástica mais óbvia — estavam preocupados com o aspecto proibido da Alemanha nazista, o espectro terrível da máquina fascista que ameaçou devastar sua terra natal. Essa atitude era um prato cheio para a imprensa, e, como a banda não estava preparada para se explicar, as entrevistas causaram péssima impressão. É claro que eles culparam "os idiotas da imprensa" por isso, o que deixou os jornalistas ainda mais dispostos a detonar o grupo. Os críticos condenavam o uso descuidado e ofensivo de referências nazistas. Seria diferente se a ideia toda fosse chocar, mas a música relativamente direta do Joy Division não tinha um aspecto teórico ou conceitual que sugerisse qualquer tipo de subtexto acadêmico. Para os críticos, sua aparência e sua estética exalavam arrogância e eram uma má apropriação juvenil de algo que eles jamais entenderiam suficientemente bem para usar como inspiração.

An Ideal for Living foi financiado por um falso empréstimo para compra de móveis no valor de 400 libras que Ian e Deborah fizeram com o gerente de seu banco. Todos os envolvidos — incluindo Deborah — ajudaram a montar o equipamento, mas o som seco e abafado dessa primeira leva de mil EPs produzidos em casa foi uma derrota esmagadora para a banda. Em outubro de 1978, quando a primeira edição estava quase esgotada, a banda reimprimiu e remasterizou o EP em formato LP, em parte porque eles descobriram que o nome que tinham escolhido para seu "selo de gravação", Enigma, já existia e estava sendo usado por um selo legítimo (era comum que as bandas criassem nomes falsos de gravadoras para estampar seus álbuns gravados em casa, numa tentativa de parecer mais profissionais). Uma vez que as faixas foram adequadamente remasterizadas, a banda ficou feliz em descobrir que havia um som claro, se não excelente, enterrado sob a masterização malfeita e cheia de ruídos que havia gerado o original.

> *An Ideal for Living*
> Gravado em dezembro de 1977 nos estúdios Pennine Sound, em Oldham. Independente. [Compacto em vinil gravado em janeiro de 1978, lançado em junho de 1978. Versão remasterizada em LP lançada em outubro de 1978. Incluído integralmente na compilação *Substance*, de 1988, e na antologia *Heart and Soul*, de 1997.]
>
> Warsaw
> No Love Lost
> Leaders of Men
> Failures (of the Modern Man)

A curta "Warsaw" serve como reconhecimento nominal do breve passado da banda, e junto com "Failures" marca as melhores e últimas faixas punk que a banda gravou. "3-5-0-1-2-5 *Go!*", grita Curtis, usando um número de identificação de campos de concentração como alternativa mórbida para o famoso "1-2-3-4!". *House of Dolls*, o romance que inspirou muito do sentimento de censura de Curtis na época, foi baseado no diário de uma prisioneira judia e escrito sob o "Kazetnik", ou número de prisioneiro, do novelista e sobrevivente do Holocausto Yehiel Dinur: 135633 — Curtis pegou o número usado em "Warsaw" em outra parte do livro. Assim como todas as faixas de *An Ideal for Living*, "Warsaw" ainda é de certa forma ligada liricamente a observações simples — acusações de falsidade externa, declarações de integridade interna —, mas melodicamente é muito mais sombria que as faixas iniciais, como "At a Later Date" ou "The Kill", graças aos riffs no estilo Sabbath-heavy-metal, que mostravam a evolução do som do Joy Division. Para evitar qualquer relativa injustiça em comparação com o repertório posterior, vale dizer que a energia sombria e desdenhosa de "Warsaw" é mais empolgante que a maior parte das faixas de pop punk típicas e fúteis que outras bandas estavam tocando em 1978. Seu ritmo pulsante aponta para "Digital", a primeira música que eles gravariam mais tarde para a Factory Records e a ponte definitiva entre as raízes punk do Joy Division e o futuro mais fascinante que os aguardava.

"Leaders of Men" é menos atraente e certamente a mais fraca das quatro canções, repleta das rimas entediantes tão típicas das letras mais antigas de Curtis: "When you walk down the street/ And the sound's not too sweet/ And you wish you could hide/ Maybe go for a ride" [Quando você anda na rua/ E o som não é tão doce/ E você queria poder se esconder/ Talvez passear um pouco] Nessa faixa, podemos ouvir o vocal mais preciso e poderoso que ele já tivera até aquele momento no último (e muito melhor) verso. Os acordes maiores atipicamente abertos da guitarra no refrão parecem algo vindo de uma banda londrina jovem e ascendente, The Cure (cujos álbuns Rob Gretton se recusava a tocar enquanto era DJ no The Squat: para saber mais detalhes sobre esse ato de teimosia, veja o *24 Hour Party People*, de Tony Wilson). O Joy Division viria a abrir diversos shows do The Cure nos meses que se seguiram, e Robert Smith, vocalista da banda, foi tremendamente influenciado pelo grupo.

A segunda faixa de *An Ideal for Living* é o começo propriamente dito do Joy Division. Por mais que tenham ficado conhecidos por canções fúnebres e hinos mórbidos e melancólicos, o ritmo quebrado, quase funk, de "No Love Lost" é um exemplo perfeito de como suas canções pós-punk mais agitadas se deixavam levar pela batida. Isso se deve em grande parte ao estilo preciso do baterista Stephen Morris: diferentemente de músicos mais estáticos, o corpo inteiro de Morris acompanhava cada batida, atirando gotas de suor e fazendo seus cotovelos explodirem com uma força incrível para um porte físico tão franzino. Soando um pouco como o Wire, ainda que não tão presos às escalas de blues de *Pink Flag*, os compassos introdutórios da música também apontam para outra comparação frequente relativa ao Joy Division: a semelhança com The Doors, nesse caso com "Riders on The Storm". Em uma entrevista dada em setembro de 1979, recentemente publicada como um apêndice do álbum *The Complete BBC Recordings*, Stephen Morris descarta a comparação — ou pelo menos a ideia de que isso era algo negativo — e revela que "Barney e Hooky nem conheciam o Doors ainda!". Ainda que não haja motivo para duvidar disso, é inquestionável que Ian Curtis foi imensamente influenciado pela presença de palco de Jim

Morrison e que era fã de The Doors. Além disso, Peter Hook desde então já admitiu que a banda fez covers de "Riders on The Storm" em diversos ensaios, ainda que, por causa da pouca experiência, nunca tenham soado nem um pouco como o original.

Deixando as minúcias sobre influências de lado, "No Love Lost", com seu trecho de *House of Dolls*, lida mais diretamente com a obsessão de Ian Curtis pelo Holocausto, mas sua letra limitada — como a maioria desse período — fala sobre impaciência, expectativa e decepção: "You've been seeing things in darkness not in learning/ Hoping that the truth will pass" [Você tem visto coisas na escuridão, não no aprendizado/ Torcendo para que a verdade acabe] Existe um momento fascinante no pentâmetro que segue esses versos, quando Curtis canta: "No life underground/ Wasting never changing/ Wishing that this day won't last" [Não há vida sob o solo/ Desperdiçando, nunca mudando/ Desejando que esse dia não dure] As primeiras três palavras são pronunciadas com uma respiração disparada, quase um grito, como se para destacar o ritmo funk sublinhando a terça acentuada da guitarra de Sumner, mixada com peso no canal esquerdo. É também o primeiro momento de exploração sonora real, com um delay duplo no vocal de Curtis e o slide harmônico de Bernard nas cordas. O Joy Division tinha levado sua fase punk ao limite extremo, e "No Love Lost" é a primeira pista do rumo que as coisas tomariam nos próximos meses.

A essa altura, as tensões políticas estavam à flor da pele em Londres. A banda, em grande medida, não tinha consciência das comparações que eram estabelecidas a seu respeito, e sabiamente optou por abandonar tais distrações em favor de aperfeiçoar sua desconstrução maciça do rock'n'roll. Conforme eles recuavam em direção ao anonimato desconhecido e amorfo, Curtis começou a focar em letras mais filosóficas e expressivas. Quanto mais a banda parecia ter sucesso — quanto mais críticas positivas e popularidade eles ganhavam —, mais seriamente Curtis passou a levar o trabalho e a si próprio.

2. A ilusão desaparece

Para grande frustração da Comissão de Serviços de Mão de Obra de Manchester, Ian Curtis faltava muito ao trabalho. No entanto, suas ausências acabaram por lhe dar certa vantagem quando os donos das lojas de discos que ele visitava nas horas de trabalho para procurar pôsteres do Iggy Pop fizeram uma proposta para sua banda.

Os fatos relacionados ao breve flerte entre o Joy Division e a RCA Records foram relatados de forma incorreta desde o início, talvez por uma tentativa de acobertar o desastre, que foi um grande constrangimento para todos os envolvidos. Derek Brandwood, nome importante na indústria musical britânica e posteriormente empresário de Lisa Stansfield, estava cuidando de um escritório promocional da RCA no Picadilly Plaza no final da década de 1970. Ele costumava entreter Curtis em suas folgas falsas, animando o estranho ambicioso (ao menos inicialmente). No começo de 1978, Curtis tinha lhe dado uma cópia pré-lançamento de *An Ideal for Living*, que, mesmo agressivo demais para realmente animar Brandwood, serviu para colocar o Joy Division no seu radar. Logo depois, um funcionário de Brandwood, o DJ de soul Richard Searling, lhe trouxe uma oferta estranha mas provavelmente lucrativa vinda de seu amigo John Anderson. Anderson estava lançando um novo selo de soul, chamado Grapevine, com Bernie Binnick, dono do selo de rock clássico americano Swan (que contava com muitos lançamentos famosos, sendo o maior deles a distribuição nos Estados Unidos do primeiro single dos Beatles, "She Loves You"). Binnick tinha uma visão quixotesca sobre lançar uma banda de new wave britânica nos Estados Unidos com um cover da música "Keep On Keepin' On", de Richard Flowers, cuja versão mais famosa havia sido gravada por N.F. Porter. Brandwood pensou no Joy Division, com aquele líder de voz profunda, achou que era a melhor opção naquela região e colocou Anderson e Searling em contato com Ian Curtis.

Curtis ignorou a intenção mefistofélica por trás da oferta visto que, ainda que Peter Hook achasse aquilo ridículo, a RCA *era* a casa de Iggy Pop, Lou Reed e David Bowie. O Joy Division não podia recusar a chance de se juntar a essa lista, por isso abraçou a oportunidade de gravar uma música de outra pessoa no estúdio de 24 canais mais profissional de Manchester. Com um investimento inicial de 1.500 libras dividido igualmente entre Anderson, Searling e o próprio Brandwood, o Joy Division começou a se preparar para uma sessão de uma semana nos estúdios Arrow, com Searling na produção.

Enquanto escrevia e ensaiava, em março e abril de 1978, a banda ficou mais unida, curtindo o absurdo daquela tarefa e mutilando o single de N.F. Porter que tinha recebido. Por causa da atitude brincalhona, eles criaram "Interzone" usando algumas progressões de "Keep On Keepin' On". Mas foi um show em 14 de abril que acabou sendo o marco da guinada na carreira do Joy Division, no qual eles demonstraram sua intensa presença de palco para as duas pessoas mais importantes para o futuro da banda. Ainda promovendo o EP *An Ideal for Living*, o grupo estava frenético por uma chance na batalha de bandas

Stiff/Chiswick Challenge, de Manchester, organizada pelos dois selos londrinos do momento. O evento aconteceu no antigo território favorito do Warsaw, o Rafter's. Por uma questão de justiça, a ordem de apresentação foi determinada por sorteio e, quase como previsto, o Joy Division ficou por último. Ser a banda final, nesse caso, era um desastre, considerando que — se a banda chegasse a tocar — a apresentação seria tão tarde que um número significativo de pessoas da plateia (funcionários de gravadoras, fotógrafos e críticos) estaria exausto ou já teria ido embora. Ao longo da noite, o Joy Division ameaçou as outras bandas e se queixou amargamente, abordando Paul Morley, Richard Boon e quem mais eles conseguissem encurralar. Ian Curtis chegou a sentar ao lado de Tony Wilson e chamá-lo de "puto" e "filho da mãe" por não ter colocado o Joy Division em seu programa de TV, *So It Goes*, que teve vida curta. Curtis e companhia finalmente subiram ao palco pouco antes das duas da manhã, e como era de esperar, depois dessa longa noite de ansiedade e paranoia, sua apresentação foi furiosamente exagerada. Curtis se comportou como se estivesse tendo um ataque epiléptico (não teve) e, ainda que tenham tocado apenas algumas músicas no curto tempo que tinham (a casa fechava às duas e meia), eles, sem saber, conquistaram tanto naquela noite quanto no último ano inteiro.

Acontece que Tony Wilson e Rob Gretton tinham ido ao Stiff/Chiswick Challenge, em grande parte, para avaliar o Joy Division como potencial investimento. Completamente impressionado com a apresentação ao vivo, Gretton tornou-se empresário da banda apenas algumas semanas depois, enquanto eles ainda trabalhavam nas sessões para a RCA. Tony também os acolheu, convidando-os para fazer um show em um evento chamado Factory Night, em junho, no Russell Club. Em setembro, quando teve a oportunidade de convidar talentos locais para o segmento *What's On*, do programa de TV *Granada Reports*, Tony se lembrou do pedido desaforado de Ian Curtis e os convidou para o programa. Como acontece com todas as grandes bandas, no momento em que o Joy Division reconheceu uma plateia receptiva e potenciais investidores, houve uma explosão de criatividade — promovendo entre eles uma união e uma sensação de esperança e confiança que produziu três das melhores músicas da banda em questão de semanas. "She's Lost Control", "Transmission" e "Shadowplay" tornaram antiquadas todas as músicas que a banda já tinha gravado.

Em 1º de maio, o Joy Division adentrou os estúdios Arrow com John Anderson e o experiente produtor Bob Auger supervisionando o trabalho de Richard Searling. As sessões foram produzidas diretamente para Derek Brandwood. Em meio aos tipos experientes e escorregadios da indústria, Searling pode ser definido como um agitador superempolgado e esperançoso, ansioso para fazer seu nome junto a uma banda que, em 1978, era um dos poucos investimentos plausíveis de Manchester. (The Buzzcocks assinou com a United Artists em novembro de 1977 e The Fall era uma banda de difícil comercialização por conta de sua estupidez abstrata e gritante.) Depois de dias de experiências de tratamento vocal e planejamento com Bob Auger, o Joy Division foi embarreirado por John Anderson, que viera para dominar o jovem Searling e tinha a palavra final sobre a mixagem de Auger. Anderson não levava o grupo a sério e achava que eles não eram tecnicamente capazes de gravar um álbum decente. Ele queria chamar profissionais para corrigir as imperfeições que ainda se ouviam. A banda, é claro, ficou furiosa com a ideia. Quando Anderson sugeriu o uso de sintetizadores nas faixas para dar um som mais polido, o Joy Division explodiu em uma sequência de xingamentos e objeções, e — ironicamente — reclamou que o uso de sintetizadores era uma manipulação humilhante do seu som cru.

Searling chamou Derek Brandwood para negociar o impasse, ao que a banda atacou Anderson, dizendo: "Ele não sabe produzir merda nenhuma!" Anderson, que era mais velho e mais experiente — e admitidamente tinha intenções mais comerciais —, explicou com calma a questão para Brandwood: "Eles simplesmente não sabem tocar." Sua atitude de desprezo com relação ao Joy Division revela a expectativa séria por um material perfeito e bem tocado, criado para a rádio, mas, em sua defesa, o grupo estava oprimido pela situação pouco familiar e titubeava ao trabalhar fora do mundo confortável da sala de ensaios.

A primeira vez de uma banda em um estúdio profissional de gravação é geralmente emocionante e reveladora, mas, apesar do nervosismo e da falta de confiança, o Joy Division — e, em especial, Curtis — tinha criado expectativas muito altas considerando sua inexperiência. O sonho de produzir o próximo *Low*, ou o próximo *Heroes*, deu lugar a um trabalho corrido: ainda que tenham gravado material suficiente para um álbum inteiro, os funcionários da RCA só estavam interessados em uma versão comercial de "Keep On Keepin' On" para Bernie Binnick. Apesar de duas músicas novas realmente promissoras, o Joy Division ainda produzia coisas de um estilo "meio Black Sabbath, meio punk", como na época do Warsaw. Pelo som dessas fitas, ou pelo menos das gravações que sobreviveram por meio da pirataria, Auger não se esforçou para melhorar o som da banda com um panning mais pesado nem com o uso de multicanais. Apesar do reverb suave, as faixas são tão secas quanto as de *An Ideal for Living*. John Anderson acabou modificando apenas duas faixas com o uso de sintetizador na pós-produção antes que as sessões desmoronassem: inseriu interrupções como as do Genesis em "No Love Lost" e uma versão lenta de "Transmission" com a sutileza de um machado cego. As três melhores faixas das sessões foram incluídas na coletânea *Heart and Soul*, de 1997, mas, quando comparadas às versões posteriores que a banda aprimorou com Martin Hannett, elas servem apenas para evidenciar esse desastre interrompido.

Demo RCA
Gravada entre 1º e 5 de maio de 1978 nos estúdios Arrow, em Manchester. Produzida por John Anderson, Bob Auger e Richard Searling. ["The Drawback", "Interzone" e "Shadowplay" foram lançadas como parte da antologia *Heart and Soul*, de 1997. A sessão inteira está disponível no CD *Warsaw*, lançado pela Movie Play Gold em 1994.]

The Drawback
Leaders of Men
Walked in Line
Failures
Novelty
No Love Lost
Transmission
Ice Age
Interzone
Warsaw
Shadowplay

Dentre as músicas que não tinham sido previamente gravadas, "Ice Age" se destaca e era a favorita dos shows em 1978. É uma das primeiras faixas a ilustrar como o ritmo agitado de Stephen Morris transformou as progressões simples da banda em cantos fúnebres com batidas fortes, mais ondulantes. Seu comando gaguejante, porém preciso, da bateria foi um componente decisivo na evolução do som do Joy Division e ajudou a solidificar a parceria musical de Bernard Sumner e Peter Hook.

A breve "Interzone" — escrita sobre a base melódica da canção de N.F. Porter que eles regravaram para a RCA — é uma das melhores canções punk já gravadas pelo Joy Division e sobreviveu para fazer parte de *Unknown Pleasures* cerca de um ano depois. Na versão final de *Unknown Pleasures*, que definitivamente se destaca como a canção mais simples do álbum, Hannett e/ou o grupo optou por diminuir o componente mais enérgico e curioso do disco: a desconcertante voz engasgada de Curtis, como um canto tirolês. Seus ganidos se parecem estranhamente com os zunidos dos fantasmas em *Dies Irae*, que Stanley Kubrick usou, um ano depois, na cena de abertura do filme *O iluminado*. A letra em si — mesmo na versão final — é um tanto rudimentar; é um relato frustrado em primeira pessoa de um caminhar pela cidade decadente, "procurando alguns amigos" [looking for some friends of mine] e "tentando achar uma saída" [trying to find a way to get out].

"The Drawback" é uma das primeiras músicas da banda, muito simples em sua progressão repetitiva e letra desesperançada e exagerada ("I've seen the troubles and the evils of the world/ I've seen the stretches between godliness and sin" [Eu já vi os problemas e os males do mundo/ Eu vi o espaço entre a virtude e o pecado]). O mais interessante a respeito dessa música, além da interpretação de Ian Curtis, suave como veludo, é o verso "I've had the promise and confessions of true faith" [Eu já tive a promessa e as confissões da verdadeira fé], antecipando o single de sucesso absoluto do New Order de 1987, "True Faith". O single falava de garotos que cresceram juntos e depois se renderam ao vício das drogas e à autodestruição: era um aceno claro para seus dias de juventude enlouquecida, uma época que a banda sempre recordava, ainda que geralmente fossem mais sutis.

"They Walked in Line" e "Novelty" foram ambas consideradas músicas briguentas de pub-punk, mas eram composições mais recentes e continuaram a ser tocadas por tempo suficiente para que fossem revistas durante as sessões de *Unknown Pleasures* e "Transmission" com Martin Hannett em 1979. As novas versões tiraram a raiva e a certeza fervorosa das músicas, deixando-as mais leves, porém não excepcionais a ponto de saírem do status de "lado B".

"Shadowplay" é a melhor das canções do Joy Division influenciadas pelo metal, o que faz sentido, visto que foi a última música escrita nessa linha. O solo decrescente de Sumner marca o fim de cada verso enquanto as linhas de baixo graves de Hook brigam de forma ameaçadora ao fundo. Por ser uma canção de rock relativamente direta, ela sofreu poucas mudanças nas rígidas gravações, sempre ecoando a angústia e o medo na calada da noite da Manchester dos anos 1970. Martin Hannett mostrou-se extremamente habilidoso em sua gravação da música para o álbum *Unknown Pleasures*.

A grande sensação de mudança nessas sessões na RCA foi "Transmission", que — ainda que tivesse sido escrita uma semana antes — foi completamente finalizada no estúdio. Com estrutura idêntica à sua encarnação anterior (porém mais lenta), ela foi transformada por sons não musicais e supérfluos de sintetizadores, adicionados por John Anderson apenas por e assim "acrescentarem valor à produção". Quando a banda conheceu os sintetizadores e os sons eletrônicos, no começo de 1979, redefiniu seus propósitos com a ajuda de Martin Hannett, agrupando tons em camadas, como cordas, por trás da reverberação cavernosa e do delay digital de Hannett.

Quando Rob Gretton se tornou empresário da banda, logo após as sessões na RCA, começou a negociar shows muito maiores, em grande parte graças ao apoio de Tony Wilson, que os levou para tocar muitas vezes no Russell Club, nas "Factory Nights". Mas foi o zelo protetor e gerenciador de Gretton que salvou o Joy Division de se tornar uma vítima de suas maluquices desesperadas, famintas por reconhecimento. Com um crescente grupo de fãs acumulados nos shows em Manchester e depois da atenta cobertura (e tutela indireta) de Paul Morley na *NME*, a banda teve um chuva de possibilidades, guiada pela noção de que o que faziam era artisticamente, socialmente e talvez até economicamente importante (quem não preferiria o prazer culpado de ser rico a um prazer desconhecido?).[4] Rob Gretton permitiu que eles se concentrassem nessas possibilidades. Sua amizade com o magnata da indústria de música local TJ Davidson foi recompensada quando o Joy Division conseguiu o último andar de sua nova e imponente casa de ensaios, que parecia uma catedral repleta de janelas grandiosas.

Essa enorme cobertura, de madeira rústica, tijolos e luz esmaecida, era o local perfeito — absolutamente *ideal* — para que o Joy Division cultivasse seu dom cada vez mais potente

---

[4] Aqui, o autor faz uma brincadeira com o título do álbum, *Unknown Pleasures* ("prazeres desconhecidos", em português). [N.E.]

de escrever músicas. A criatividade e a originalidade da banda se traduziam em um isolamento crescente com relação a seus colegas mais simples; determinados, eles se refugiaram da indiferença de seus vizinhos no espaço de TJ Davidson e seguiram em frente. Enquanto aproveitavam um verão de ensaios e ócio com uma força impressionante no cenário cada vez menor de Manchester, Gretton defendeu-os da RCA vorazmente, fazendo exigências ultrajantes, pedindo um adiantamento nada realista — de algo entre 10 e 15 mil libras — e 15% de direitos sobre os lucros. Com ou sem a ostentação de Gretton (que na verdade foi muito eficiente para repelir Richard Searling), o contrato de publicação de míseros 3,5% oferecidos pela RCA ao Joy Division durante as sessões nos estúdios Arrow havia sido datado de forma errada, por descuido, constando que fora assinado no dia 1º e não no dia 3, o que tornava o contrato ilegal por se tratar do primeiro dia de gravação. Detalhes adicionais do contrato — com base nos padrões legais americanos — também não se adequavam à lei de direitos autorais britânica. Gretton pediu que um amigo advogado detalhasse esses itens passíveis de ação judicial em uma carta para John Anderson, e Derek Brandwood logo percebeu que a situação era insustentável. Apesar da esperança de Searling de que a banda o levasse ao sucesso, a decepção com as sessões na RCA deixou um gosto amargo na boca do Joy Division. Gretton continuava pressionando a RCA para dar um fim à situação. Ainda que o cheque não tenha sido fisicamente entregue até janeiro de 1979, na segunda metade de 1978 o Joy Division já estava legalmente livre da RCA, e concordou em devolver o investimento inicial de 1.500 libras a Searling, Anderson e Brandwood. O desastroso namoro da banda com as grandes gravadoras os levou a uma bela queda: eles foram facilmente seduzidos pelas investidas bombásticas e cheias de ideias de seu mais recente fã, Anthony Wilson.

Após um breve flerte com o representante do setor de A&R (artistas e repertório) da Eric's Records — um selo administrado por Roger Eagle, dono da Eric's em Liverpool —, Tony Wilson decidiu fazer uma parceria com Alan Erasmus e elevar a Factory dos clubes para o vinil. Relativamente rico após receber uma herança de 12 mil libras pela morte de sua mãe, Wilson queria lançar a Factory Records com metade daquele dinheiro. Alan Erasmus seria o chefe, organizador e inspetor, enquanto Peter Saville — um estudante da Politécnica de Manchester que criou o pôster do primeiro evento da Factory no Russell Club — seria o diretor de arte da marca.

Wilson deu ao Joy Division uma chance de aparecer no segmento *What's On* do programa de TV Granada Reports, para o qual a banda gravou uma versão levemente entediada e nervosa de "Shadowplay" em 20 de setembro. Uma filmagem em negativo do trânsito monótono e de paisagens industriais era exibida ao fundo em tela azul. O grupo ficou horrorizado: o assunto trivial dessas cenas do documentário *World In Action* os lembrou dos sintetizadores com os quais John Anderson havia arruinado as sessões da RCA. Claro, o Joy Division estava aparecendo na televisão, mas eles estavam prestes a relançar *An Ideal for Living* e estavam preocupados com o impacto que aqueles efeitos baratos poderiam ter na imagem da banda. Levando em consideração as limitações técnicas da televisão britânica da segunda metade dos anos 1970, a imagem não era assim tão incongruente com a canção mais obviamente industrial da banda, e, ainda que a performance pareça desanimada, ela sobrevive como um vislumbre de Curtis em um modo mais controlado, estalando os dedos silenciosamente e batendo a ponta dos pés no chão.

Começaram os preparativos para *A Factory Sample*, um compacto duplo pouco prático para lançar o novo selo de Wilson e sua empresa. Ele teria duas faixas de cada um dos artistas do selo: Joy Division; a guitarra cheia de efeitos de Vini Reilly e sua banda Durutti Column; os inovadores industriais/eletrônicos Cabaret Voltaire; e, para surpresa de muitos, o comediante de Manchester John Dowie, "a resposta inglesa a Lenny Bruce". Dowie era amigo de Wilson da Granada TV e era uma pequena celebridade nos anos 1980 (ele voltou à fama em 2001, com seu popular monólogo *Jesus, My Boy* [Jesus, meu menino]) — mas pode-se dizer seguramente que não foi por causa da sátira "O fígado de Hitler", de Dowie, que as cópias originais de *A Factory Sample* renderam centenas de libras.

Depois de persuadir Martin Hannett a dividir seu tempo entre a Factory e seu próprio selo — o já decadente Rabid Records —, Wilson finalmente passou a ter um produtor na diretoria da Factory e, mais importante, nos livros de registro da empresa. Visionário e pouco pragmático, Hannett definia o produtor como um ser mais criativo do que reflexivo, trazendo novas ideias para as bandas em vez de registrar as ideias que elas traziam. Ao longo dos anos, a profundidade sonora da música do Joy Division foi, de forma controversa, colocada no altar desse segundo gênio e, ainda que as primeiras duas faixas gravadas com ele não sejam tão obviamente influenciadas por suas criações, uma delas tem como título um novo dispositivo cujas possibilidades seriam exploradas por Hannett por meio da música do Joy Division, criando sons e formas jamais ouvidos antes ou depois.

> *A Factory Sample*
> Gravado em 11 de outubro de 1978 nos estúdios Cargo, em Rochdale. Produzido por Martin Hannett. Lançado em 24 de dezembro de 1978.
>
> Digital
> Glass

O surpreendente ritmo, quase assustadoramente animado, de "Digital" entra em ação com a exultante linha do baixo de Peter Hook, impulsionada pelo padrão binário da bateria de Stephen Morris e uma parede de reverb de guitarra. Mas é nos ecos musicais e nos efeitos distorcidos que os delays de Hannett causavam na voz de Ian Curtis que "Digital" reverbera como uma torturada obra-prima do rock. O refrão remonta às faixas clássicas da gravadora Stax, como o lento e constante movimento de um refrão de Sam & Dave, apesar de a influência do R&B ter sido filtrada pelo rock melancólico do Velvet Underground. Curtis continuou o que havia começado em "Ice Age", diluindo seus versos, trocando as frases longas de suas canções punk por versos mais simples e evocativos. "I feel it closing in/ Day in, day out, day in, day out" [Eu sinto tudo se fechando/ Todo dia, todo dia] pode não soar tão bem no papel, mas com menos sílabas para cantar, Curtis foi capaz de se concentrar na melodia, emitindo cada sílaba com poder e comando tonal inéditos. Com os delays reverberantes de Hannett, seu canal de voz se distorce até gerar um ruído de estática, estalando no apelo final, "Don't ever fade away/ I need you here today" [Não desapareça nunca/ Eu preciso de você aqui hoje].

"Glass" é outro passo adiante, que marca a estreia do jeito grave e desesperado de cantar, ao qual Curtis ficaria associado daquele momento em diante. Mostra também o envolvimento de Hannett: ele usa seu novo delay digital, criando uma sequência gaguejante da esquerda para a direita, mistura sons de sinos e alarmes do sintetizador no canal direito e preenche o canal esquerdo com o feedback de uma guitarra carregada de flanger. Peter Hook lamenta que tenha ficado claro, com "Glass", que Martin Hannett era uma influência de ordem e polimento, além de criador do monolítico som de estúdio da banda: "Muitas pessoas dizem que aquele foi o momento em que as coisas mudaram, que Hannett mudou a nós todos, encontrou nossa arma secreta. Eu não vejo isso dessa forma. Hannett era OK — estávamos realmente um pouco impressionados com ele —, mas ele não escrevia as músicas." De fato, o novo brinquedo de Hannett era supérfluo diante da caixa da bateria de Stephen Morris, e as guitarras ainda aparecem bem na frente na mixagem. "Glass" é a ponte entre o material cru e combativo de *Warsaw* e as faixas grandiosas e seguras de *Unknown Pleasures* — é o momento em que Hannett ainda está tentando construir o som que ele ouviu por trás dos acordes sombrios, da bateria ansiosa e dos estrondosos vocais de barítono do Joy Division.

Peter Hook se lembra de ter encontrado o irascível Hannett na edição de dezembro de 1997 da *NME*: "Bernard e eu éramos bastante pragmáticos e ele parecia, sei lá, vindo de outro planeta. Era um hippie esquisito que nunca falava coisa com coisa, ou, pelo menos, eu nunca entendia o que ele estava dizendo. Ainda assim, tínhamos um bom relacionamento. Ele costumava dizer para Rob Gretton: 'Tire esses dois babacas da minha frente!' No estúdio, nos sentávamos à esquerda, ele à direita e não podíamos falar nada. Se disséssemos algo como 'Martin, acho que a guitarra está um pouco baixa', ele começava a berrar 'Meu Deus, some daqui, seu retardado'. No começo ficava tudo bem, mas aos poucos ele começou a ficar mais e mais esquisito."

No breve período lendário em que foi o genial produtor do Joy Division, os episódios maníacos de Hannett e o uso de drogas cada vez mais frequente faziam sentido. E, conforme a Factory Records crescia, Martin Hannett crescia junto. No outono de 1978, ele já estava bastante empolgado com a promessa de crescimento da Factory, e parecia histérico sobre seu futuro com Derek Brandwood, o então onipotente deus da indústria musical de Manchester. Pouco depois, no entanto, os músicos da Factory tomaram posse desse status: em apenas dez anos, com algumas bandas de pop de grande sucesso, eles estavam competindo de igual para igual com a RCA. Tudo em bom tempo — e eram realmente bons os tempos. Mas, infelizmente, Hannett não aproveitou muito desse sucesso. Ou, se o fez, certamente não se lembra.

Na semana depois da primeira e mais econômica sessão com Hannett, o Joy Division relançou *An Ideal for Living* em formato de LP com capa nova (uma imagem de andaimes) e mixagem nova e melhorada. O reverb da bateria de Morris foi aumentado e as pistas da guitarra de Bernard foram abertas mais radicalmente no pan, criando mais "espaço" — uma característica que a banda viria a definir com a ajuda de Hannett. Os discos foram enviados aos críticos depois que a banda fez um show — muito bem recebido — na boate da Factory, de Tony Wilson, em 20 de outubro. O Joy Division estava se tornando uma das bandas mais importantes ao norte de Londres, e ainda nem havia gravado um single de verdade, muito menos um álbum.

Na maioria dos shows entre novembro e dezembro no norte da Inglaterra, as multidões eram inconsistentes, mas frequentemente se viam hipnotizadas pela energia da banda. Após uma breve turnê fazendo a abertura para os Rezillos — durante a qual a banda principal acabou se separando —, *A Factory Sample* foi lançado na véspera de Natal, e o Joy Division fez seu primeiro show em Londres em 27 de dezembro de 1978 no Hope & Anchor, no bairro de Islington, local onde The Cure costumava tocar. Qualquer que fosse a razão — o mau tempo, o cansaço de viajar para tantas cidades fora de Manchester, ou simplesmente germes —, Bernard Sumner estava sofrendo de uma gripe terrível naquela noite e teve de ser embalado em um saco de dormir para fazer a viagem até a casa de shows, já que a ideia de perder a apresentação inaugural em Londres era algo impensável. Esperando converter uma plateia ávida e muito maior, o grupo ficou chocado ao ver que o Hope & Anchor era um pub pequeno, e que — para aumentar a depressão — só algumas poucas dezenas de fãs apareceram. No triste caminho para casa, Sumner e um Curtis deprimido lutavam pelo saco de dormir: no meio da briga, Ian teve um ataque epiléptico. A banda teve de encostar na estrada e, assim que o ataque parou, eles correram para o hospital Luton, onde Ian recebeu comprimidos de fenobarbitona (hoje conhecido como fenobarbital, um dos poucos medicamentos disponíveis para tratar de epilepsia) e foi liberado. Um mês depois, em 23 de janeiro de 1979, Curtis foi clinicamente diagnosticado como epiléptico.

A Factory Sample vendeu bastante nos primeiros dois meses, e esgotou logo depois graças ao apoio de Paul Morley e sua crítica na *NME* em março, mas, quando o disco saiu, em dezembro, não foi muito além dos olheiros e críticos isolados já estabelecidos. Em 8 de janeiro, finalmente, o Joy Division pagou a Richard Searling, John Anderson e Derek Brandwood por seu investimento na banda para as demos da RCA. Com um sentimento renovado de liberdade, a banda ansiava pela próxima turnê e pela gravação de um novo material.

Em 13 de janeiro, Ian Curtis apareceu na capa da *NME* pela primeira vez, depois de meses insistindo com Paul Morley. A imagem de Curtis em seu sobretudo verde-musgo — aspecto frio, cigarro na mão —, feita por Kevin Cummins, permanece como uma de suas poucas fotos posadas, e revela belas feições romanas. Até aquele momento, Curtis era conhecido por sua loucura ofegante e seus olhos arregalados nos palcos, uma imagem que a capa da *NME* contestou. Ainda que Anton Corbijn tenha ficado mais conhecido por seu trabalho fotográfico e cinematográfico com o Joy Division, Cummins era o primeiro fotógrafo da Factory Records, e hoje negocia o lançamento de um belo livro de suas fotografias dessa época.[5]

Duas semanas depois da matéria na *NME*, o Joy Division foi convidado para gravar uma sessão para um famoso programa do DJ John Peel na Radio One, programa este que era o empurrão definitivo para praticamente todas as bandas de rock britânicas das últimas três décadas.

---

[5] Lançado em 2012 pela editora Faber & Faber, o livro recebeu o título *Manchester: Looking for the Light through the Pouring Rain* [Manchester: procurando a luz em meio à chuva forte]. [N.E.]

> **Peel Session 1**
> Realizada em 13 de janeiro de 1979. Produzida por Bob Sargeant, mixada por Nick Gomm. Foi ao ar em 14 de fevereiro de 1979. Lançada como um EP independente em novembro de 1986 pela Strange Fruit. Compilada para a Strange Fruit como *Peel Sessions Album* em 1990 e relançada em 2000 como parte de *The Complete BBC Recordings*. "Exercise One" também foi lançada como parte da caixa *Heart and Soul*, de 1997.
>
> Exercise One
> Insight
> She's Lost Control
> Transmission

Essa gravação foi de fato a primeira oportunidade do Joy Division de atingir um público grande fora de Manchester. Nem mesmo os fãs mais bem-informados tinham ouvido essas músicas fora dos pequenos bares e salas de concerto (onde a qualidade de som variava bastante, para dizer o mínimo). Para a fiel, porém minúscula "raincoat brigade",[6] o Joy Division era ainda uma cacofonia estridente de guitarras punk e bateria frenética que havia sido deixada de lado por conta da força das performances cada vez mais possessas do vocalista. Durante a sessão com John Peel, fãs e ouvintes casuais foram apresentados a quatro novas canções, incluindo os futuros

---

[6] Apelido dado aos fãs de rock independente de Manchester dos anos 1970. Em português, algo como "brigada da capa de chuva". [N.E.]

singles "She's Lost Control" e "Transmission". "Exercise One" e "Insight" foram gravadas para *Unknown Pleasures*, mas a primeira ficou de fora por alguma razão e só foi divulgada na coletânea póstuma *Still*, lançada em 1981 pela Factory.

"Exercise One" tinha uma letra fantástica, incluindo o genial primeiro verso, que foi usado como introdução do livreto generoso que acompanha a antologia *Heart and Soul*: "When you're looking at life/ Through a strange new room/ Maybe drowning soon/ Is this the start of it all?" [Quando você olha para a vida/ De um quarto novo e desconhecido/ Talvez prestes a se afogar/ É esse o começo de tudo?] O riff central era um acorde menor de arrepiar os ossos — mesmo sem os delays fantasmagóricos que Martin Hannett adicionaria durante as sessões de gravação de *Unknown Pleasures* —, mas ligeiramente fraco, em termos de composição, com seus pouco mais de dois minutos, e no fim parecia simples demais para abrir qualquer um dos lados do disco de estreia da banda. Abrir um disco com feedback já era bem tosco em 1979, então isso também foi descartado. E em qualquer outro lugar que você colocasse a canção, a introdução longa demais quebrava o fluxo de uma música para outra. Mas duvido que tenha havido muito debate a respeito, já que a banda, aparentemente, nunca ligou muito para "Exercise One" e só tocou a música em alguns poucos shows no ano e meio que se seguiu.

As outras três faixas das *Peel Sessions* ficaram muito mais conhecidas e tornaram-se *teasers* tentadores para os fãs, as gravadoras e os críticos. "Transmission" é simples, se comparada à impressionante versão depois produzida por Hannett, mas nessa gravação crua e vibrante — assim como na gravação para a Granada TV ocorrida mais tarde, em 1979 —, os vocais de Ian Curtis não estão tão suavizados pelos efeitos. No verso final, seu (agora famoso) grito "And we could *dance!*" [E podíamos *dançar!*] é cativante e perturbador por conta disso, em um desempenho furioso de uma faixa que tomaria uma forma mais majestosa, um brilho eterno, quando gravada como single seis meses depois.

"Insight" começou com o tipo de linha de baixo fluida, com uma oitava alta que mais tarde se tornaria a marca registrada de Peter Hook e do Joy Division. Ele atribui esse som-assinatura à necessidade: "Como o equipamento era uma porcaria, quando tocava mais alto no braço do baixo eu me ouvia melhor." A incessante batida dupla de Stephen Morris incluía uma nova bateria eletrônica que a banda havia adquirido. Isso era mais perceptível nos ecos industriais de "She's Lost Control", um futuro single que — junto com "Love Will Tear Us Apart" — perduraria como uma das canções mais populares do Joy Division. Era uma indicação precoce de como os sons eletrônicos estavam passando para o primeiro plano após a barulheira repetitiva de guitarras do punk rock. Ainda que o Wire estivesse claramente abrindo o caminho com *Chair Missing*, de 1978 — e tanto a Human League como a Orchestral Maneuvers in the Dark estivessem a alguns meses de popularizar esses sons —, o apego do Joy Division ao formato canção pop distinguia seus cantos fúnebres dos poderosos instrumentais de dub de John Lydon no Public Image Ltd. Diferentemente de todos os concorrentes do pós-punk, o Joy Division dividia em duas metades iguais a criatividade e o desejo de se comunicar. As *Peel Sessions* evidenciaram a rápida evolução da banda ao longo dos poucos meses desde que se despediram do Electric Circus, buscando um tipo de som quase acessível, porém sério. E isso aumentou bastante seu prestígio em Londres.

De várias formas, John Peel vem fazendo há mais de trinta anos o trabalho duro que os homens do setor de A&R londrino tinham preguiça (ou, sendo mais sutil, não tinham habilidade) de fazer. Em 14 de fevereiro (Dia de São Valentim) de 1979, todos os grandes selos receberam uma prova do Joy Division entregue de bandeja. Isso resultou em uma primavera lotada de oportunidades, mas que não podiam ser aproveitadas com shows ao vivo: entre janeiro e março, a recém-diagnosticada epilepsia de Ian Curtis piorou e — além da razoável expectativa de que ele precisaria tirar uns meses para descansar e se adaptar à medicação — sua esposa estava no final da gravidez. Após a *Peel Session*, o Joy Division não fez nenhum show até 1º de março, e só causou interesse real em uma gravadora. Logo depois de ouvir o programa, Martin Rushent, produtor da banda Buzzcocks, fez uma oferta que envolvia um adiantamento de 40 mil libras para a gravação de dois discos com a Radar Records (um selo da Warner disfarçado de independente). Nos anos 1980, a produtora Genetic, de Rushent, fazia com sequenciadores o equivalente ao que Martin Hannett fazia com o delay digital, e Rushent tinha sido o responsável pela fama do Human League (apesar de nessa época ainda não ser reconhecido como um gênio). Ele era um produtor respeitado na comunidade punk — especialmente em Manchester — por seu trabalho com os Buzzcocks e o Generation X, mas, por mais que quisesse ser produtor do Joy Division, sua vontade real era a de lançar uma banda de muito sucesso para afirmar a posição de sua produtora no mercado. Depois de um retorno mais bem-sucedido, ainda que não triunfante, ao Hope & Anchor em 1º de março, o Joy Division voltou mais uma vez à capital três dias depois para gravar versões demo de cinco canções com Martin Rushent.

> **Demo Genetic**
> Gravada em 4 de março de 1979 nos estúdios Eden, em Londres. Produzida por Martin Rushent. "Insight", "Glass", "Transmission" e "Ice Age" foram disponibilizadas pela primeira vez na antologia *Heart and Soul*, de 1997. "Digital" não apareceu até muito tempo depois, quando foi vista em uma compilação europeia pirata em bela embalagem, chamada *Performances01*, no começo de 2003.
>
> Insight
> Glass
> Digital
> Ice Age
> Transmission

Ao passarmos rapidamente pelas canções mais recentes, vemos que essas faixas não têm nada de excepcional — e, considerando a performance pouco envolvida de Ian Curtis, podemos presumir que ele estava com pressa de acabar logo a gravação ou simplesmente já não estava mais interessado. Na verdade, o fato de terem gravado essas versões demo logo depois de ouvir a proposta de Rushent pode ter sido um indicativo de que a banda continuaria com a Factory para a gravação do álbum completo. A Factory ainda oferecia uma divisão de lucros de 50% e, como a plateia continuava a crescer agora que Londres estava de olho, a taxa de 8% sobre o lucro oferecida pela Genetic/Radar/Warner Brothers parecia uma desvantagem. A oferta da Genetic era justa e generosa, considerando o adiantamento. Mas as pessoas de Manchester sempre desconfiaram de Londres, e Rob Gretton em particular desprezava toda aquela pompa. Ele detestava as vítimas da moda e as grandes gravadoras excessivamente otimistas. O Joy Division preferia não se envolver com um negócio tão indiferente e, como disse Peter Hook, "era melhor [para Gretton] trabalhar com alguém que você sabia controlar. Na Factory, apesar de todas as falhas, se você tivesse uma queixa, podia gritar".

O grupo tinha uma relação muito próxima com o empresário, lobista, defensor, brigão e — o mais importante — fiel Rob Gretton, ainda que Ian Curtis tenha demorado um pouco para aceitar suas orientações. Stephen Morris lembra-se de um incidente particularmente explosivo na *NME* em dezembro de 1997: "Ele [Curtis] parecia o Basil Fawlty.[7] Começava a se irritar, se irritar, se irritar e de repente entrava correndo na sala de ensaio com um balde na cabeça. Na época achávamos muito engraçado, mas, pensando agora, acho que era bem bizarro."

Bernard deu mais detalhes sobre o incidente no livreto de *Heart and Soul*: "Eu me lembro dele brigando com Rob Gretton na nossa sala de ensaios na casa do TJ Davidson. Ele ficou tão frustrado que pegou a lixeira, colocou na cabeça e começou a correr pela sala, gritando com Rob. Ele estava completamente louco."

Como Deborah Curtis disse, Ian "se convenceu de que tinha de aceitar Rob Gretton", mas, como ela própria depois declarou, "Ian não tinha interesse nenhum em aprender nada prático". Totalmente intelectualizado e, muitas vezes, autocentrado, Curtis era também desajeitado e envergonhado a ponto de não se

---

[7] Basil Fawlty é um personagem vivido por John Cleese no seriado cômico britânico *Fawlty Towers*, exibido de 1975 a 1979. O personagem é um misantropo intimidante e paranoico. [N.T.]

esforçar para aprender tarefas simples, como dirigir. Ele tinha problemas para entender as finanças, e sem as orientações de Gretton sua confusão seria muito pior e impediria o sucesso do Joy Division, em especial uma vez que passaram a ter de assinar contratos e fechar shows.

No final de 1978, após ouvir um discurso inebriante de Tony Wilson sobre ideais artísticos, partes iguais e a divisão meio a meio dos lucros depois que a Factory recuperasse os custos iniciais, Gretton alfinetou o mandachuva,[8] pressionando-o a registrar seu credo por escrito. Diz a lenda que Wilson escreveu com o próprio sangue em guardanapos: "Os músicos são donos de tudo, a empresa não é dona de nada. Todas as nossas bandas têm a liberdade de dar o fora." Não se sabe se ele escreveu tudo com sangue ou se escreveu com tinta e assinou com sangue. Mas o fato é que aquilo deixou Gretton impressionado, e certamente os integrantes do Joy Division, que estavam desesperados por um pouco de credibilidade, ficaram com vergonha da indústria com que recentemente haviam tido um breve contato. A única pessoa hesitante naquela sala era Alan Erasmus, que, um tanto confuso, havia discutido sobre esse encontro com Tony Wilson anteriormente e tinha a intenção de redigir um contrato decente (com mais palavras do que aquelas no guardanapo, tanto que as masters passaram a ser da banda depois de seis meses). Wilson, envolvido em uma das suas típicas declarações empolgadas, dominava a sala como se fosse o diretor de um show; Erasmus observava, provavelmente entretido, e decidiu naquele dia seguir as suas orientações. Graças a sua capacidade

---

[8] No original, "Svengali", personagem criado por George du Maurier em 1895 e que representa uma pessoa poderosa e de caráter duvidoso que manipula e controla a vida e a carreira de um artista. [N.E.]

de vendas, Wilson estava na frente, com a vantagem de uma herança considerável e uma renda notável enquanto celebridade televisiva. E, ainda que Erasmus só fosse perceber isso anos depois, talvez fizesse escolhas diferentes se tivesse a oportunidade de voltar atrás — ele foi totalmente excluído das páginas da história da Factory, tornando-se, por vontade própria, não mais que um colaborador anônimo que deixou a empresa com raiva de Tony Wilson (que vem sendo desde então acusado de usar Erasmus para conseguir o que queria nos descontrolados anos 1980). Em 1978, Wilson só podia ser acusado de otimista e idealista, mas seu encanto durou muito tempo — vinte anos, para ser mais exato.

A decisão de continuar na Factory não se justificava apenas por ideologia ou conforto: o Joy Division e o Cabaret Voltaire não eram nomes autossuficientes na época. No entanto, a tiragem de 5 mil cópias do EP duplo *A Factory Sample* se esgotou. Aconteceu praticamente no boca a boca. Com o preço final justo, senão barato, de 2,99 libras, o EP foi a prova de que a combinação de acessibilidade e imagem — a imagem do disco, não necessariamente da banda — pode atrair compradores. No documentário de 1993 *neworderstory*, produzido por Paul Morley, Peter Saville — o designer gráfico responsável pelas belas capas de discos e pelo visual de quase todos os itens do catálogo da Factory Records — menciona um artigo do *New York Times* escrito por Jon Pareles chamado "How Cool Is Coldness?" [Quão bacana é a frieza?]. No artigo, Pareles fala da ideia de um segredo produzido em massa, algo que entre um quarto e meio milhão de pessoas sabe que existe, mas que nunca foi discutido ou anunciado na grande mídia. É uma proposta que, em uma escala muito menor, se provou possível em 1979. Com apenas uma aparição no rádio, nenhuma aparição na TV em rede nacional (ainda) ou mesmo muita propaganda, o álbum independente de estreia do Joy Division, *Unknown Pleasures*, vendeu 5 mil cópias nas duas primeiras semanas após o lançamento e mais 10 mil nos seis meses seguintes.

3. O disco está vivo, e aquilo que se gravou nele está vivo

Em abril de 1979, o Joy Division finalmente decidiu gravar as performances frenéticas pelas quais ficaram famosos e com as quais construíram uma modesta, porém impressionante, reputação. No elegante — e repleto de discos de ouro — estúdio Strawberry, em Stockport, Martin Hannett produziu as 15 músicas que eles haviam preparado durante meses de ensaios na casa de TJ Davidson. Foi nessas sessões que a banda percebeu, pela primeira vez, como a personalidade de Hannett era instável, assim como seu crescente uso de drogas e sua impaciente hiperatividade. Seu temperamento havia sido suportável durante o dia de gravação de *A Factory Sample*, mas agora a Factory Records tinha alugado o Strawberry por três semanas para gravar e editar *Unknown Pleasures*. O Joy Division aguentou as técnicas de gravação inexplicáveis de Martin junto com sua irracionalidade e sua personalidade naturalmente agressiva alimentada pelas drogas durante cinco dias seguidos, e brigou por semanas para estar lá nas horas de mixagem. No terceiro dia de gravação, em um episódio famoso, Hannett desmontou a bateria de Stephen Morris completamente, tirando até os aros de metal, tentando encontrar um chocalhar que sujava o som da gravação graças a sua brilhante, ainda que hilária, técnica:

o cabo de saída da sala onde ficava a bateria era ligado a uma caixa de som Auratone que ficava empoleirada sobre o assento do vaso sanitário de um pequeno banheiro do porão, o que removia a reverberação.

No tipo de silêncio mortal que só se encontra em um porão, Stephen Morris estava tocando para fantasmas que, na forma de um único microfone, suspiravam de volta os ruídos surdos para a caixa preta fantástica de Martin Hannett. Algumas semanas antes de gravar "Digital" e "Glass", Hannett tinha conseguido o protótipo de um aparelho de delay com uns amigos que trabalhavam na AMS Neve, uma fabricante de equipamentos de áudio de ponta instalada em Burnley, Lancashire. Ainda que a linha de delay digital tivesse sido inventada nos anos 1960 e grandes empresas de tecnologia já estivessem trabalhando com isso, o delay digital ainda não era captado por um dispositivo separado que pudesse ser aplicado de forma seletiva — pós-efeito — em um som ao vivo. Pedais de wah-wah e de distorção já eram comuns no rock, mas eles modificavam o som no percurso da guitarra até o amplificador. O delay digital foi o primeiro dispositivo que conseguia reproduzir exatamente aquele som. O reverb produzia uma série de reflexos com resposta de frequência limitada e diminuída: tinha um som uniforme e quaisquer faixas em que ele era usado vazavam juntas na barulheira de um Joe Meek. O "eco de fita" analógico já existia, mas produzia um ruído inimaginável e uma crescente distorção a cada *bounce*. O delay digital traduzia a entrada do som em dados eletrônicos — 1 e 0 — antes de enviar o som de volta, completamente intacto, tantas vezes quanto o engenheiro de som quisesse. Hannett escolheu um tempo de volta minúsculo, como explicou depois Vini Reilly, do Durutti Column, banda sempre relacionada ao delay de guitarras: "Martin usava aquele delay digital não como um eco repetido, mas para criar um microssegundo que chegava tão perto da bateria que era impossível de se ouvir. Eu jamais teria pensado em fazer aquilo. Ninguém teria. Eu ainda não entendo como ele conseguiu imaginar o som final."

As batidas urgentes e estranhas da bateria de Stephen Morris, conforme surgiam à direita e à esquerda nos canais, eram tão impressionantes que uma pessoa poderia ouvir aquela introdução por horas e não entender *como diabos* alguém teria feito aqueles sons. Assim como as absurdas batidas de John Bonham no início de "When The Levee Breaks", gravadas no enorme hall de uma mansão, mas muito mais barato, o som curto, meio agudo, que Martin Hannett produziria durante toda a sua carreira transformou *Unknown Pleasures* em uma obra de arte refinada e vanguardista. A linha de baixo comprimida, um tanto *flat*, de Peter Hook se destaca na mixagem, e só quando rompe o primeiro acorde menor da guitarra, cheia de reverb, é que é possível entender a necessidade de um tratamento quente, analógico. Com a sobreposição de canais para criar uma espécie de grito de seis cordas do nível de *Scream*, da Siouxsie & The Banshees, a equalização de Hannett corta o impacto do som pesado e aberto de Sumner e o transforma em um grunhido reverberado. Buscando a clareza vocal e os espaços corretos para o reverb e o delay, Hannett relegou a guitarra a apenas um dos lados do estéreo nas últimas faixas, diluindo o som robusto captado pelo humbucker[9] duplo da Gibson SG de Sumner. E vem daí a histórica insatisfação de Bernard Sumner: em 1979, ele ainda ouvia a fúria e o ataque

---

[9] O humbucker é um captador para guitarras e baixos elétricos com bobinas duplas que aumentam a capacidade de saída do som e diminuem o ruído. [N.E.]

da guitarra. No livreto de *Heart and Soul*, ele diz: "Nós tocamos o álbum ao vivo. A música era alta e pesada, e tivemos a sensação de que Martin fez a música parecer mais suave, em especial as guitarras. A produção deu um clima sombrio, nefasto, ao álbum: tínhamos imaginado uma imagem em preto e branco e Martin a coloriu para nós."

Como Sumner costuma dizer, a banda sempre foi mais agressiva ao vivo, mas Ian Curtis parecia bastante impressionado com o som frio e evocativo de *Unknown Pleasures*. Sua relação com as letras vinha evoluindo e, quando o grupo entrou em estúdio, ele já tinha passado das acusações e anedotas para os apelos expressionistas: "I've been waiting for a guide to come and take me by the hand/ Could these sensations make me feel the pleasures of a normal man?" [Tenho esperado que um guia venha e me pegue pela mão/ Será que isso poderia me fazer sentir os prazeres de um homem comum?] Os versos iniciais do disco, da música "Disorder", sugerem um Ian Curtis que lamenta sua depressão e seu isolamento. O próprio nome da música parece invocar a epilepsia que estava, junto com os fortes remédios, impedindo Curtis de viver as noites, as bebedeiras casuais e os shows catárticos com o Joy Division, dos quais ele tanto gostava. O clímax explosivo sai de controle quando Curtis diz: "I've got the spirit/ But lose the feeling" [Eu tenho o espírito/ Mas perco a emoção] "Disorder" é tão impressionante, catártica e original que é difícil compreender que existem momentos ainda mais potentes do que sua explosão de pratos e caixas de bateria.

Poucos poetas líricos foram tão dissecados como Ian Curtis, cujas palavras parecem ter significados sobrepostos que misturam conflitos pessoais — sua doença, seu sucesso inesperado, seu possível fracasso ou o medo da futilidade — com apelos mais universais por honestidade e convicção. Arrependimentos e inseguranças dominaram o restante de sua curta vida, mas em *Unknown Pleasures* ele ainda fazia perguntas, querendo saber se sua aflição teria fim, e se ele encontraria a felicidade conforme o Joy Division continuava a dar passos ousados. "Where will it end?" [Onde isso vai acabar?], ele grita durante a surpreendentemente lacônica "Day of the Lords" (cujo nome veio de uma letra anterior descartada. A essa altura, o Joy Division já havia desistido do punk e se concentrava na atmosfera e na severidade dos ritmos mais lentos: o martelar de acordes desaparecia em um prolongado silêncio, deixando espaço para progressões de guitarra mais complexas, feedback ameaçador e teclados monótonos e assustadores. Assim como todo o material de *Unknown Pleasures* escrito com antecedência, "Day of the Lords" encara a incerteza, a chegada da maturidade e o fim da despreocupação romântica juvenil, forjando um crescendo pulsante a cada desanimado e suplicante refrão de Curtis.

"Candidate" é ainda mais melancólica, com seu pano de fundo feito de sons de baixo repetidos quebrados por intervenções da bateria. Arrepiantes ruídos de guitarra surgem e desaparecem à distância, rodopiando por entre os dois canais; o tratamento seco que Hannett deu à bateria exposto ao máximo, agressivo no primeiro contato e se dispersando rapidamente em uma desintegração precisa e fugidia. Em "Disorder" e "Day of the Lords" a voz de Curtis está nivelada com a paleta sonora da música, em uma recriação realista da performance da banda. Mas em "Candidate" Hannett aumenta os agudos no canal vocal, criando um timbre trêmulo e rouco quebrado pelas inflexões sibilantes das consoantes. A letra é, talvez, a mais explicitamente soturna do disco: "Corrupted from memory, no longer the power/ it's creeping up slowly, that last fatal hour" [Corrompido da memória, nao há mais poder/ está chegando lentamente, aquela última hora fatal].

Percebe-se mais facilmente a insatisfação de Sumner e Hook com a produção de Hannett em "Insight", que parece muito frágil na gravação se comparada à força que demonstrava nos shows (e até mesmo se comparada às *Peel Sessions* de janeiro). O foco de Hannett na bateria, no vocal e nos ruídos eletrônicos, com a quase exclusão das guitarras, reduz essa composição vigorosa e cativante a uma balada nervosa porém controlada, nem rápida nem lenta. Além disso, Hannett fez com que o colapso da bateria eletrônica no fim da canção ficasse dramático demais. Em termos de letra, a música é provavelmente a prova mais significativa da crescente resignação interna de Ian Curtis, bem como de seu modo fatalista de ver o mundo:

> Guess the dreams always end
> They don't rise up just descend
> But I don't care anymore
> I've lost the will to want more
> I'm not afraid not at all
> I watch them all as they fall
> But I remember when we were young[10]

Sua debilitante epilepsia e sua paternidade iminente — Deborah deu à luz uma filha na mesma época em que Martin Hannett terminava a mixagem de *Unknown Pleasures* — pesaram muito naquela alma jovem tão dramática. A mudança de tom desde a primeira onda de canções punk da banda,

---

[10] Acho que os sonhos sempre acabam/ Eles não crescem, só descendem/ Mas eu não me importo mais/ Perdi a vontade de querer mais/ Eu não estou com medo/ Eu assisto a todos eles caindo/ Mas me lembro de quando éramos jovens.

mais simples, era inegável, mas vinha acompanhada de um teor artístico tão incrível que os outros membros da banda estavam empolgados com a gravidade que essa transformação acrescentava à música deles, que sempre havia sido taciturna. Sabendo que ele estava tendo ataques epilépticos frequentes e estava sendo afetado pela medicação pesada que vinha tomando, parece óbvio que o estado mental de Ian devesse ter sido investigado imediatamente. Mas, como escreveu Deborah Curtis anos depois, "era impossível compreender que ele usaria um método tão público como meio de pedir ajuda". De fato, o fotógrafo Kevin Cummins tem dúzias de fotos do início de 1979 que mostram Curtis rindo e brincando com os rapazes da banda fora da sala de ensaios, como se fossem amigos de escola. Para aqueles que o conheciam, Curtis era divertido, ainda que explosivo e temperamental. Qualquer que tenha sido o fatalismo autocentrado que ele começara a alimentar, era algo mantido em segredo, revelado apenas nas letras das músicas e negado fora do contexto da arte e da poesia.

Ainda que *Unknown Pleasures* continue sendo um álbum de drama e alcance incomparáveis do Joy Division, a passagem principal do lado A (denominado "Outside") para o B ("Inside") é o que causa a primeira impressão mais poderosa. "New Dawn Fades" encerra o primeiro lado do disco com um ritmo mais agitado que "Candidate" ou "Day of the Lords", mas certamente tem a mesma origem maciça e imponente dessas músicas mais novas. Sumner dedilha uma sequência de notas na primeira metade da canção, tocando de longe, por trás das fortes palhetadas de Hook, antes da explosão da música, aos 2'45'', com Curtis gritando do fundo dos pulmões: "The strain's too much/ Can't take much more/ I've walked on water, run through fire/ Can't seem to feel it anymore/ It was me/ Waiting for me/

Hoping for something more" [A tensão é demais/ Não vou aguentar muito mais/ Eu já andei sobre as águas, corri no fogo/ Acho que não sinto mais nada/ Era eu/ Aguardando por mim/ Esperando por algo mais]

Deborah Curtis ficou incomodada, com razão, com a gravidade das letras e com a interpretação depressiva — especialmente perceptível em "Insight" — e questionou seu marido a respeito do final mórbido e descontrolado de "New Dawn Fades". Sua justificável preocupação só rendeu protestos e uma leve negação: o casal começou a brigar, e Ian saiu de casa frustrado e bufando de raiva. Esse incidente revela o solipsismo e a visão de mundo cada vez mais autocentrada que Curtis desenvolveu depois de ser diagnosticado com uma doença sobre a qual ele tinha estudado pouco mais de um ano antes. Enquanto estava trabalhando como assistente do oficial de readaptação de vítimas de invalidez em Macclesfield, no final de 1977, Curtis teve de fazer um curso sobre epilepsia para entender melhor o impacto da doença nas pessoas que iria ajudar. Foi uma coincidência bizarra que, pouco depois, ele tenha sofrido da mesma doença. Mas, levando em conta os incidentes adolescentes anômalos e a descrição feita por Ian de "flashbacks" na adolescência — o que provavelmente eram "pré-ataques" que nunca se desenvolveram, ou que apenas resultaram em "crises de ausência" —, parece óbvio que a epilepsia já vinha acontecendo no plano de fundo, esperando para se manifestar depois que Curtis chegasse aos vinte anos, idade em que tantas outras doenças neurológicas se impõem.

As experiências de Ian com doentes mentais justificava a música mais importante da banda até aquele momento: "She's Lost Control", o primeiro hit da banda com o grande público. Ela foi inspirada na história de uma mulher com epilepsia que aparecia frequentemente no Centro de Empregos de Macclesfield procurando trabalho. Quando ela parou de ir, Curtis escreveu a letra, descritiva e comparativamente normal, sobre ela. Mas, quando sua própria epilepsia se manifestou, a música passou a ter implicações terríveis, em especial depois que ele descobriu que essa mulher tinha morrido. O Joy Division regravou a música em 1980, quando Curtis perdera o controle. Uma comparação lado a lado dos dois vocais, com nove meses de distância entre eles, mostra a evolução para uma espécie de canto gaguejante, derrotado e desesperado, e o delay sobre a voz imprecisa só deixa a nova interpretação ainda mais perturbadora.

A gravação de "She's Lost Control" para *Unknown Pleasures* é muito superior em seus efeitos vocais desvairados e em sua bateria compacta e tensa, mas nenhuma das versões em estúdio consegue capturar o volume avassalador da progressão de cordas de Bernard Sumner que estrondava nos shows. O tratamento analógico e emudecido do baixo também é um problema, porque, sem um mínimo de distorção — ou ao menos o toque meio agudo —, como era ao vivo, o riff de Peter Hook parece desconectado, isolado dos outros canais. Ainda que a produção de Hannett chegue mais perto da intensidade de um show no final da música, ela continua favorecendo os elementos de percussão eletrônica e os efeitos sutilmente mixados, porém complexos, nos vocais de Ian Curtis.

Para os fãs de punk e heavy metal, "Shadowplay" foi a porta de entrada para o álbum negro do Joy Division. Um retrato industrial turbulento — Morris inclusive acentua o ritmo com uma batida de percussão eletrônica que lembra o som de válvulas de máquinas se abrindo e fechando —, a canção é o único momento de *Unknown Pleasures* em que Bernard Sumner tem sua chance, sua oportunidade de dominar a música com duas sequências enormes e ensurdecedoras de guitarra que se sobrepõem a todo o resto. "Shadowplay", assim como "Interzone", era uma faixa mais familiar, mais antiga, por isso a letra é muito menos soturna, mais apreciável por sua beleza narrativa do que por qualquer tipo de análise revisionista mórbida. Ainda assim, "Shadowplay" esconde um dos trechos em primeira pessoa mais notáveis de Curtis: "In a room with no window in the corner, I found truth" [Em um cômodo sem janelas, no canto, eu encontrei a verdade].

"Wilderness" carrega o uso mais visível dos delays digitais de Hannett, com a caixa da bateria de Morris ricocheteando de um alto-falante para outro, como em um dub reggae pesado. Precursora de "Dead Souls", futura obra-prima da banda, "Wilderness" é a faixa mais fraca de *Unknown Pleasures*, com letra obviamente religiosa baseada em fantasia e mitologia, e uma progressão de guitarra repetitiva demais. Mas isso é facilmente esquecido quando o riff surpreendentemente tradicional de "Interzone" começa, uma relíquia da sessão na RCA de 1978. Para a versão de *Unknown Pleasures*, Ian adicionou uma segunda faixa no canal direito, um contraponto falado aos versos principais cantados com voz suave e surpreendentemente aguda. Ainda é possível ouvir os agudos do canto tirolês, mas eles são muito menos destacados e impressionantes que os da demo original da RCA, que — por conta de sua performance crua e seu som *flat* — interessa muito aos fãs e foi sabiamente incluída em *Heart and Soul*.

Seguindo o que — em relação às faixas vizinhas — equivale a uma calmaria, o final do álbum serve como uma resposta devastadora ao par de canções de mais fácil absorção, instantâneas e dançáveis que o precedem. "I Remember Nothing" usa o mesmo modelo frio de "Candidate", abrindo um buraco em sua própria trama tensa, com sons vibrantes de vidro se quebrando e barulhos eletrônicos estridentes, tudo se desintegrando rapidamente no delay de Hannett. De maneira semelhante aos lamentos iniciais de *Unknown Pleasures*, "I Remember Nothing" sustenta a voz por vezes tímida, por vezes autoritária de Ian Curtis, vociferando uma mensagem certamente dirigida a sua esposa, que se resume de forma cruel no verso "We were strangers/ For way too long" [Fomos dois estranhos/ Por tempo demais]. Assim como em "Disorder", o próprio título faz referência à sua doença: ataques epilépticos ocorrem devido a perturbações químicas ou neurológicas no cérebro, às vezes chamadas de "tempestades elétricas". Como resultado, os doentes nunca se lembram dos ataques. A violência da interpretação áspera e gritada de Curtis também está ligada aos ataques: "Violent, more violent! His hand cracks the chair! Moves on reaction, then slumps in despair." [Violento, mais violento! Sua mão quebra a cadeira! Reage se movendo, e depois cai em desespero.] Sua esposa, grávida, tentou conter esses ataques para que ele não se machucasse; a imagem é dolorosa demais para se imaginar, mas considerando a determinação com que Ian usava sua tumultuada vida familiar como inspiração poética, Deborah sentiu que não tinha escolha a não ser reviver tais incidentes. Devastada, Deborah Curtis foi forçada a se fazer perguntas dificílimas sobre as intenções de seu marido, mesmo naquele estágio inicial. Seu livro de memórias, *Touching from a Distance*, é honesto e chega algumas vezes a ser desconfortável e brutal, mas, levando em consideração o amor, respeito e uma louvável consciência do impacto de tais relatos, ela esperou mais de uma década após a morte devastadora de Ian Curtis para escrever sobre sua vida juntos. Enquanto a banda e os produtores ouviam nas músicas o drama, o lirismo potencial e o talento vocal, a pessoa mais próxima de Curtis ouvia simplesmente o significado das palavras.

Sessões de gravação de *Unknown Pleasures*
Realizadas entre 1º e 17 de abril de 1979 nos estúdios Strawberry, em Stockport. Produzidas por Martin Hannett. *Unknown Pleasures* foi lançado em 14 de junho de 1979. "Autosuggestion" e "From Safety to Where…?" foram lançadas em outubro de 1979 como parte de *Earcom 2: Contradiction* (FAST Records). "Exercise One", "The Kill", "The Only Mistake" e "Walked in Line" foram lançadas em 8 de outubro de 1981 como parte de *Still*. "Autosuggestion" e "From Safety to Where…?" foram relançadas em junho de 1988 como parte de *Substance*. A sessão completa está incluída na antologia *Heart and Soul*, de 1997.

Disorder
Day of the Lords
Candidate
Insight
New Dawn Fades
She's Lost Control
Shadowplay
Wilderness
Interzone
I Remember Nothing

Autosuggestion
From Safety to Where…?
The Only Mistake
Exercise One
The Kill
Walked in Line

Até hoje, os membros sobreviventes do Joy Division reclamam do que Hannett fez com o som de *Unknown Pleasures*, que desde o início parecia enfraquecer o som ensurdecedor que faziam ao vivo. A respeito do processo de gravação, Bernard Sumner lembrou, mais tarde: "Martin estava pouco se fodendo para um álbum pop. Ele só queria fazer experimentos; a atitude dele era a de quem pega um monte de drogas, tranca a porta do estúdio e fica lá a noite toda, e na manhã seguinte descobre o que saiu daquilo. E continua fazendo isso até que o material esteja pronto. Era assim que todos os nossos discos eram feitos. Nós na anfetamina e Martin na heroína." O Joy Division ainda se identificava com a urgência do punk, tendo visto todas as bandas da primeira fase do punk britânico ao vivo e tocado com muitas delas. A obsessão inovadora de Hannett com o delay digital e as guitarras distantes criou um som muito produzido, muito próximo dos excessos que aquela geração ainda queimava na fogueira. "She's Lost Control" e "Insight" incorporaram uma bateria eletrônica desde o início, mas as duas músicas eram determinadas tanto pela guitarra exagerada de Bernard Sumner quanto pelos inesquecíveis riffs agudos do baixo de Peter Hook. Ainda que todos os envolvidos acabassem aceitando a abordagem de Hannett e o uso de sons mais ambiente e mais eletrônicos, grande parte da música do Joy Division ainda estava, naquele momento, alinhada com a evolução do punk rock. Bernard Sumner resumiu os sentimentos iniciais dele e de Hook na caixa *Heart and Soul*: "Nós ficamos ressentidos, mas Rob, Wilson e a imprensa amaram, e o público amou: nós éramos apenas os pobres idiotas que haviam escrito aquelas músicas! Engolimos o orgulho e seguimos em frente." Stephen Morris nunca reclamou muito a respeito da produção, o que é estranho, considerando que sua parte era sempre a mais afetada pelas técnicas de Hannett.

Em *Tape Delay*, livro de Charles Neal, Peter Hook admite: "Quer dizer, o Martin realmente nos ensinou bastante — nos ensinou a olhar para a música e para as nossas músicas e sons de uma maneira diferente. Tínhamos uma visão muito limitada, ligávamos os amplificadores e pronto. Quando chegamos ao estúdio, não entendíamos por que os monitores não soavam como nossos amplificadores. Ele nos ensinou a fazer concessões como essa." Mas Hook também reclamou do fato de que Hannett "deu uma acalmada nas músicas". É impossível não se perguntar se as canções mais novas e mais lentas, como "Candidate" e a majestosa "I Remember Nothing" poderiam ter um jeito mais "rock", como ele diz, mesmo ao vivo. Mesmo não sendo seriamente torturadas como os hinos que gravaram para *Closer*, eram músicas românticas e sombrias. Bernard Sumner vem sendo modestamente aberto a respeito do papel central de Curtis no Joy Division: "Ele era como um catalisador para o resto de nós. Nós escrevíamos todas as músicas, mas Ian nos guiava. Ele dizia coisas como 'gostei dessa parte da guitarra, gostei dessa sequência do baixo, gostei desse riff da bateria'. Ele juntava nossas ideias de uma forma muito pessoal, na verdade."

Curtis se apaixonou por *Unknown Pleasures*. Hannett tinha pegado o rock sombrio da banda e infundido nele o tipo de cenário sonoro original e ousado que Ian tanto admirava em bandas como Throbbing Gristle e Kraftwerk. Ele havia tornado a estreia do Joy Division tão avassaladora e original quanto os discos que Curtis admirava. Parece claro que o Joy Division estava mudando mais uma vez — se não na cabeça de Hook e Sumner, certamente na de Ian — e Hannett liderava aquela mudança em uma velocidade que deixou o guitarrista e o baixista com a leve impressão de que o disco tinha sido tirado deles. O que, de forma literal, aconteceu: Hannett não queria que os membros da banda estivessem presentes enquanto ele mixava as faixas de *Unknown Pleasures* e ia para os estúdios Strawberry de manhã bem cedo para evitá-los. Peter Hook lembra: "A cena era completamente ridícula. Martin nunca entendeu que estava trabalhando para nós. Estávamos pagando a ele, e ele devia ter feito a mixagem quando quiséssemos... Ele devia ter feito o que dizíamos, o tempo todo."

Hannett, de sua parte, mais tarde alegou que tinha pouco tempo no Strawberry e que, se tivesse conseguido mais tempo, teria trocado alguns elementos da mixagem. Isso foi confirmado na regravação e remixagem de "Walked in Line" para *Still*, de 1981. Essa versão parecia um pouco exagerada, especialmente nas frequências médias — tanto que a canção seria lançada em sua versão original na antologia *Heart and Soul*, mas, mesmo na mixagem original das gravações de *Unknown Pleasures*, Hannett usou ruídos eletrônicos distorcidos que lembravam palmas.

Como Hook e Sumner temiam, os sintetizadores, a percussão eletrônica e o som de vidro quebrado causaram uma impressão imediata nos críticos e ouvintes, ainda que tais efeitos fossem apenas notados na primeira e na última música de *Unknown Pleasures*. E os barulhos em si não haviam sido ideia de Hannett: o grupo estava cada vez mais fascinado com o Kraftwerk, cujos álbuns *Trans-Europe Express* e *Autobahn* eles mantinham sempre por perto. Eles também se inspiraram um pouco no Roxy Music e no trabalho solo de Brian Eno. Mas eles estavam apenas brincando com os teclados e aparelhos eletrônicos nessa época; foi na mixagem fria e no delay de Hannett que os barulhos industriais e eletrônicos causaram todo o impacto e mudaram instantaneamente a percepção do Joy Division.

O uso mais extremo que Hannettt fez da nova tecnologia de delay da AMS acabou, na verdade, nem aparecendo em

Unknown Pleasures: "Autosuggestion", com seis minutos, foi sua música que mais se aproximou do dub, ainda que Hook tenha dito, mais tarde, que Hannett havia feito mixagens dub de "Digital" e "Glass" enquanto aprendia a usar o delay. (Em um triste exemplo de desprezo, o sócio de Peter Hook no Suite Sixteen — novo nome dos estúdios Cargo — vendeu todas as masters quando saiu da sociedade, incluindo essas mixagens dub, a cinquenta centavos cada.) A experimental e irregular "Autosuggestion" indica que Hannett mantinha um interesse nas técnicas de produção dub na época, então só resta o arrependimento pela perda desse material.

Meio bagunçada, "Autosuggestion" ainda assim é cativante — um hino lento e ecoante que segue o mesmo caminho de "Day of the Lords" e "New Dawn Fades". Diferentemente das outras faixas mais barulhentas de *Unknown Pleasures*, "Autosuggestion" explode em um final acelerado e frenético, de esperança rara e inspiradora. Assim como o single "Transmission", lançado logo depois do álbum, "Autosuggestion" parece ser um trabalho de autorrepreensão, com Curtis lutando contra seus novos medos de ataques epilépticos imprevisíveis e seu antigo hábito de viver dentro de seus pensamentos. Ele se incita (e incita a todos) para que "se arrisquem e saiam para as ruas" e para que "deixem de dormir e digam que tentaram" [Take a chance and step outside/ Lose some sleep and say you tried].

A agitada "From Safety to Where...?" foi ornamentada com lampejos de delay e violões brilhantes, ainda que levemente mixados. Embora sejam apenas dois breves minutos de cordas fluidas (e uma das precursoras do som do New Order), "From Safety to Where...?" contém o debate mais explícito e direto a respeito do senso de paralisia de Curtis, e discute sua futura fama — "I got this ticket to use" [Tenho este bilhete para usar] — e a promessa interna que ele fizera aos dezoito: "Just passing through, 'til we reach the next stage/ But just to where, well it's all been arranged/ Just passing through but the break must be made/ Should we move on or stay safely away?" [Só de passagem, até chegarmos à próxima fase/ Mas para onde, bem, já foi tudo combinado/ Só de passagem, mas o rompimento precisa ser feito/ Será que devíamos seguir em frente ou manter uma distância segura?] Com a exceção de "Walked in Line", qualquer outra das canções descartadas poderiam ter sido lançadas com sucesso, mas essas foram as duas que saíram pelo selo new wave escocês FAST, que incluiu "Autosuggestion" e "From Safety To Where…?" em *Earcom 2: Contradiction*, lançado em outubro de 1979.

"The Only Mistake" infelizmente foi guardada no fundo da gaveta — assim como quase todas as faixas de abril de 1979 cortadas de *Unknown Pleasures* — até ser lançada a coletânea de raridades póstuma *Still*, em 1º de maio de 1981. Junto com as músicas mais perturbadoras da banda — "Atmosphere", "Heart and Soul" e "The Eternal" —, "The Only Mistake" está entre as composições mais sonoras que a banda gravou. As pistas duplicadas da guitarra de Sumner são sobrepostas com um delay quase vivo, que chama o ouvinte para dentro de seu transe hipnótico. Morris tem umas poucas entradas de bateria, para quebrar a linha de baixo opressiva, que progride nas mesmas quatro notas sem parar. Repetição, meditação e atmosfera se juntam em um momento gélido e definitivo de austeridade gótica. No que diz respeito à letra, a música pertence à primeira avalanche de autodepreciação que produziu "Autosuggestion" e "Transmission", quando, ainda não resignado sobre seu destino ou fracasso, Ian Curtis condena seu próprio egoísmo: "Made the fatal mistake/ Like I did once before/ A tendency just to take/ 'til the purpose turned sour" [Cometi o erro fatal/ Que eu já havia cometido/ Uma tendência de só tomar/ Até o fim ficar amargo].

A banda aprimorou "Exercise One" com Hannett, mas, exceto pela linha de guitarra excelente e pela letra penetrante de Curtis, ela nunca evoluiu para além de uma progressão simples. De várias maneiras, ela foi precursora de "Passover", uma música mais bem realizada e incrivelmente honesta do álbum *Closer*. "The Kill" ficou quase irreconhecível se comparada à versão do Warsaw para a música de mesmo nome, ainda que parte da melodia seja parecida o suficiente. Dominada pelos teclados, a música é como uma flecha frenética, e deve muito à banda Siouxsie & The Banshees. Ela apresenta alguns dos versos mais simples de Curtis, e o refrão "through it all I kept my eyes on you" [no meio de tudo mantive meus olhos em você] é uma possível referência a sua possessividade. A reciclagem do título "The Kill" pode não ter tido nada a ver com a música anterior — apesar das letras dramáticas de Ian Curtis e da música poderosa do Joy Division, a banda dava pouca atenção aos títulos das canções. Mais tarde, Bernard Sumner revelou:

> Fizemos uma apresentação em Berlim com o Joy Division em um cinema antigo, e no camarim tinha um pôster de um filme muito antigo na parede, que a gente roubou e levou pra nossa sala de ensaio. Ele tinha uma lista com todos os filmes que passariam nos próximos cinco anos naquele cinema alemão. E toda vez que precisávamos de um título para alguma música, olhávamos o pôster e pegávamos dois ou três títulos. Por exemplo, "The Eternal" veio de um filme chamado *The Eternal Flame*.

A famosa capa de *Unknown Pleasures*, com uma imagem de ondas de rádio sobre fundo preto, foi criada por Peter

Saville. A Bernard Sumner é dado o crédito de ter encontrado a imagem intitulada "100 pulsos consecutivos do pulsar CP 1919" em um livro didático, mas no livro *From Joy Division to New Order: The Factory Story*, o autor, Mick Middles, lembra que, depois de buscar as impressões da arte da capa para Rob Gretton em troca de uma das cópias promocionais guardadas a sete chaves, ele perguntou a Bernard de onde a imagem da capa tinha vindo. A resposta foi: "E eu que vou saber?" Qualquer que tenha sido a fonte, essa representação industrial emoldurada das ondas sonoras de uma estrela morrendo é perfeitamente emblemática da música precisa e complexa que se encontra dentro da capa.

O título *Unknown Pleasures* provavelmente refere-se a *Em busca do tempo perdido,* de Marcel Proust, a celebrada e prolixa autobiografia da juventude do autor. Embora *Em busca do tempo perdido* possa ser considerada em certa medida um revisionismo levemente egomaníaco, a obra invariavelmente produz uma identificação com rapazes determinados que admiram o seu solipsismo incontrito.

Por mais pessoais e emotivas que fossem as letras de Ian Curtis, a sensação de desespero e frustração que elas transmitiam tinha implicações na Inglaterra dos anos 1970, época em que a falta de esperança era uma sensação bastante concreta. A crise econômica resultava em greves trabalhistas que iam dos garis às enfermeiras e aos coveiros. Os rapazes proletários do Joy Division encontraram empregos dignos — e os mantiveram, nunca tentando, de forma não realista, se arriscar com o adiantamento das gravadoras —, mas Manchester estava em um estado de estagnação econômica, e, assim como em Londres, a vida em pequenos apartamentos e as filas para conseguir emprego eram uma realidade para a maioria.

Para completar a estagnação, o fogo promissor do punk rock já estava quase totalmente consumido, e a era disco *ainda* comandava as rádios pelo quarto ano consecutivo de saturação: "Heart of Glass", de Blondie, e a regravação por Amii Stewart do clássico "Knock on Wood", de Eddie Floyd, estavam no topo das paradas quando o Joy Division gravava *Unknown Pleasures*. Enquanto a esperança de um progresso musical começava a se perder, o Sex Pistols se desintegrou em farsa e arrogância ao mesmo tempo que muitos de seus contemporâneos se tornaram mais sombrios e distantes.

4. Seu próprio voo é presença disfarçada

Ian Curtis desenvolveu um idealismo romântico sublime em sua juventude, obcecado com a ideia de morrer jovem, no auge da adoração pública, *à la* Jim Morrison (ainda que este herói em particular não tenha morrido de forma tão grandiosa). Curtis levou a sério as canções de David Bowie "Rock and Roll Suicide" e "All the Young Dudes". Esta última foi cedida por Bowie a Mott the Hoople, que a levou ao número 3 nas paradas do Reino Unido: "Well Billy rapped all night about his suicide/ How he kick it in the head when he was twenty-five/ Speed jive don't want to stay alive/ When you're twenty-five" [Billy falou a noite inteira de seu suicídio/ De como ele chutou o balde quando tinha 25/ Falou bem rápido, você não quer ficar vivo/ Quando se tem 25] Como foi reencenado para o filme *24 Hour Party People* (em um dos poucos diálogos do filme totalmente fiéis à realidade), Curtis considerava Bowie um traidor de sua arte por sobreviver àquela música (Bowie cantou a música ao vivo nos anos 1970). Por mais que Ian se divertisse com seus amigos da banda, ele continuava se prendendo a ideias absolutas perigosas, e se culpava por coisas que, para a maioria das pessoas, eram claramente fantasias românticas.

De certa forma, é uma bobagem discutir sobre poetas, visto que sua arte é em si uma biografia do pensamento, ainda que coberta por véus de emoções dramatizadas. A poesia lírica, em particular, tende a revelar mais sobre o autor do que talvez tenha sido a intenção em seus versos simples e diretos (especialmente quando ligados ao compasso 4/4 da música pop). Conforme as habilidades técnicas e de composição do Joy Division melhoravam em relação ao ritmo simples do punk ao longo de três anos, também Ian Curtis transcendia as discórdias adolescentes em suas letras, que, assim como a imagem da banda, passavam das imagens simplistas do pós-guerra para um terror existencial incomparável a qualquer outro na história da música pop: uma área dominada, em grande parte, por egos e desejos.

Chamada carinhosamente de "a dança da mosca morta" (depois de uma piadinha feita na *NME*), a famosa presença de palco de Curtis acabou sendo reveladora da doença que contribuiu para sua ruína. Paul Morley comenta o fato: "A primeira vez que alguém o viu fazendo aquilo foi para uma plateia de umas quatro pessoas, então ele tinha o chão todo para ele. Ele pulou do palco e dançou por todo o lugar. Eu achei sensacional. Não me lembro de achar que alguém pudesse pensar que era engraçado, porque pra nós era obviamente muito intenso." Os movimentos de Ian eram sempre mecanicamente precisos, no tempo da música. Deborah Curtis lembra, no entanto, que ele sempre havia dançado com aqueles movimentos rápidos, até na festa de noivado dos dois, em 1975.

Por mais que a música levasse Curtis a um estado emocionalmente agitado, ela também oferecia uma forma de lidar com as constantes explosões sinápticas que ele não conseguia controlar, permitindo que ele as incorporasse em seu jeito único de dançar, usando como estrutura o compasso $4/4$ das músicas pop. Tocar guitarra ajudava ainda mais, e em seus últimos dias suas guitarras Vox de cor creme — uma Phantom VI e uma Teardrop — cada vez mais andavam penduradas em seu ombro, como uma âncora que o mantinha preso à terra. Aquilo nunca foi objeto de discussão: a banda simplesmente gostava do som dele. Como lembra Bernard Sumner, "ele odiava tocar. A gente forçava ele a tocar. Ele tocava de um jeito bizarro e, para nós, aquilo era interessante, porque ninguém mais sabia tocar guitarra como Ian. Ele tocava de um jeito maníaco. A gente achava ótimo".

Em janeiro de 1979, Curtis havia começado a tomar a combinação padrão de fenobarbital e fenitoína sódica (nome comercial: Dilantina). A Dilantina é um acelerador — ela aumenta e estabiliza os níveis de fenobarbital no sangue —, mas Curtis não tomava, a princípio, a carbamazepina (Tegretol), que é um agente que controla os efeitos colaterais do fenobarbital. Somente um medicamento antiepiléptico tem sido amplamente aceito desde a época do diagnóstico de Curtis, o famoso valproato (também conhecido como depakene). Mas o valproato não é tão superior ao fenobarbital assim para que pudéssemos presumir que Curtis se beneficiaria imediatamente (ele de fato começou a tomá-lo no final de 1979); ainda que Bernard Sumner culpe os barbituratos que Ian tomava pela depressão e a confusão que o levaram ao suicídio, Curtis sofria de um caso sério da doença, e sua vida teria sido destruída pela epilepsia, não fossem esses remédios pesados.

O Joy Division começou a usar luzes brancas contínuas em seus shows, atitude que a imprensa considerava "austera", "teutônica" e "gótica", quando na verdade as luzes vermelhas ou piscantes eram os únicos elementos ativadores dos ataques epilépticos que podiam ser cortados dos shows. Curtis continuava a beber, fumar e dormir tarde, comportamentos nada indicados em tratamentos contra a epilepsia. Fazer o que ele amava — buscar a fama e o drama que ele desejava na vida — deixava os ataques mais frequentes e piores. Logo depois do nascimento de sua filha e da conclusão de *Unknown Pleasures*, o Joy Division marcou shows semanais pela Inglaterra. Um dia depois de um show em Altrincham, em 24 de maio de 1979, em casa com sua esposa, Curtis teve o ataque mais sério de sua vida. Um ataque tônico-clônico (ou grande mal) é definido como um ataque que dura mais de trinta minutos e possui risco de morte. O ataque de Curtis durou até ele perder a consciência, mas, depois de apenas uma semana no hospital, o Joy Division continuou com a agenda de shows.

A epilepsia é uma doença imprevisível, e junho de 1979 acabou sendo um mês mais tranquilo em casa e com a banda, ainda que o Joy Division estivesse se esforçando para sair da estagnação, com *Unknown Pleasures* nas lojas e sua gravadora independente fazendo de tudo para vender o álbum. Peter Hook observou: "No Good Mood Club, em Halifax [22 de julho de 1979], havia uma pessoa na plateia. E ela ficou por duas músicas. Parecia o fim, parecia uma perda de tempo, como se ninguém estivesse interessado."

Após várias sessões frustradas nos estúdios Central Sound, em Manchester, Martin Hannett e o Joy Division se recolheram no conforto do Strawberry para gravar o que muitos consideram seu momento definidor, "Transmission". Certamente, a música mais acessível da banda depois de "Love Will Tear Us Apart", "Transmission" foi a primeira realização do tipo de som grandioso do estilo Joe Meek/Phil Spector que Martin Hannett imaginava para *Unknown Pleasures*, mas nunca havia conseguido até então. "Transmission", assim como a posterior "Atmosphere", define o ponto mais alto no qual a música singular do Joy Division e os talentos incríveis de Martin Hannett se encontram. A caixa é atrasada em relação ao compasso, para que o eco funcione quase como um compasso secundário, a uma distância aparentemente infinita. Mas a parede explosiva da guitarra que entra exatamente na metade da música redefine a "distância" enquanto limite espacial na música pop estereofônica. De várias maneiras, ela era um murcho "vai se foder" de Hannett para Sumner e Hook, em resposta à insatisfação que os dois publicamente declararam sentir com relação ao trabalho de Hannett com a guitarra em *Unknown Pleasures*. Até hoje não existe nada que se compare à beleza, à ressonância e ao volume assustador desse riff, que usa todas as cordas. Poucos segundos depois, esse momento é diminuído pela afirmação mais famosa de Ian Curtis: o grito "And we could *dance*!", que introduz o refrão final da música, "Dance! Dance! Dance! Dance! Dance to the radio!". Por trás desse refrão está uma cacofonia indecifrável de teclados frenéticos e cintilantes e de guitarras gritando a milhas de distância.

"Transmission" estendeu a vida útil de *Unknown Pleasures*, que havia parado de vender e começava a ocupar espaço no escritório da Factory e no apartamento de Alan Erasmus: o álbum vendeu as 10 mil cópias iniciais em semanas, e mais em outras prensagens, gerando um lucro de cerca de 50 mil libras para o selo e os artistas — teoricamente, para ser dividido ao meio. Mas Wilson, como se sabe, gastou todo o dinheiro do lucro, tanto com o Joy Division quanto com o New Order, em projetos como o clube The Hacienda, assim como nos escritórios da Factory, e mais tarde no Dry Bar.

Unknown Pleasures continuou a vender nos meses seguintes, graças à adoração local de "Transmission", o boca a boca alimentado pelos elogios da crítica e a fama crescente de que Ian Curtis era uma atração imperdível: "Ao vivo, ele parece possuído por demônios, dançando em espasmos e na velocidade da luz, contorcendo-se enquanto a dura música metálica se desdobra sobre ele", escreveu Jon Savage na edição de julho de 1979 da *Melody Maker*. No mesmo mês, Mick Middles escreveu na *Sounds*: "Nos muitos pontos altos do show, Ian Curtis geralmente perde o controle. Ele sacode o corpo para os lados e, com as mãos na cabeça, transforma-se em uma massa retorcida, meio epiléptica, de carne e osso." Era tão óbvio que não havia outra forma de descrever, mas, nesse primeiro momento, Curtis raramente tinha um ataque real no palco. As coisas mudaram, no entanto, ao longo do ano de 1979.

Curtis tinha dois padrões sistêmicos. No mais famoso deles, seu braço direito cruzava sobre o quadril enquanto o braço esquerdo girava em forma de arco, passando pelo rosto, de modo que dava a impressão de ser um homem nadando desesperadamente em busca de terra firme, tentando pegar os limites do tempo atrás dele. Ao segundo padrão era mais perturbador assistir: um movimento mais desordenado dos ombros, como uma criança espantando uma nuvem de mosquitos — não era tão comum quanto o primeiro, mas apareceu diversas vezes durante uma interpretação de "Transmission" para a BBC2 em setembro de 1979, no programa *Something Else*. O terceiro indicativo de um ataque epiléptico é mais sutil, e foi documentado nessa mesma apresentação: enquanto a cabeça de Ian girava rapidamente de um lado para outro, como um pião, é possível ver seu olhar vidrado para a frente, como se estivesse travado em algum objeto que mantinha seu equilíbrio. Em retrospecto, com algum conhecimento sobre epilepsia, é fácil perceber esses sinais imediatamente, mas durante os anos do punk rock, todas as formas de comportamento ultrajante eram encorajadas e manifestadas. Na verdade, nessa ocasião diversos telespectadores ligaram para o programa para reclamar do cantor "drogado" de olhar louco que aparecera na televisão. Bernard Sumner sempre defendeu que Curtis estava limpo, que só precisava de "umas cervejas" para entrar no clima da performance, mas Deborah Curtis notou que Ian ficou em silêncio e irritado depois que a imprensa finalmente compreendeu *Unknown Pleasures*. Pode soar como uma suposição grotesca, mas parecia claro que Curtis sentia que sua vida doméstica era uma vergonha — ou pelo menos um obstáculo — para a fama de lobo solitário com a qual ele sonhara sua vida inteira, e de que estava começando a gozar, de certa forma, ainda que em pequena escala. Mais tarde, ele chegou a revelar sua vergonha e culpa de ter caído nessa armadilha tão óbvia.

As esposas eram sempre evitadas e o narcisismo típico das estrelas, estimulado: era essa a principal reclamação de Deborah Curtis a respeito do frenético último ano de vida de seu marido, embora Tony Wilson tenha negado explicitamente ter alimentado esse tipo de ambiente. É claro, ele também devia estar cansado de sempre ter de carregar alguma responsabilidade pela decisão de Curtis. O Joy Division era a maior banda de sua gravadora, e foram eles que tornaram possível tudo o que a gravadora almejava. Mas eles tinham seu próprio empresário, suas próprias esposas e suas próprias responsabilidades, mesmo sendo tão jovens. Como disse Peter Hook, "[Ian] tinha muitas responsabilidades. Eu não me consideraria diferente dele agora… mas a juventude é cega. A gente pensava: 'Por que ele não cala a boca e segue em frente?' É assim que se faz quando se é jovem. A gente não pensa nas implicações". Wilson, até bem pouco tempo, não respondia a nenhum "por que" e, ao ser pressionado, dizia coisas como: "As pessoas morrem. E aí? Vai dizer que a culpa foi minha?" Mas ultimamente ele tem se mostrado mais calmo a respeito dos fatos que giram em torno da morte de Ian Curtis, bem como de sua inveja, tanto da música do Joy Division quanto da intensidade de Curtis. A morte de Ian criou lendas para a banda e para a Factory Records: os fornecedores invencíveis de determinação pura, da arte e do sucesso comercial, finalmente juntos. Essas coisas são baseadas em mistério e sedução, e de modo geral não suportam o peso da verdade.

As letras de Ian Curtis eram dolorosamente honestas: ele usava como inspiração seus próprios fracassos, incapaz de se livrar deles. No último ano de sua vida, ele orquestrou cuidadosamente seu suicídio, escrevendo reflexões de arrependimento cada vez mais resignadas e mórbidas. Talvez seja muito fácil — muito romântico — ver sua morte como um projeto de arte, já que tantas de suas letras são tão lúgubres, mas é certo que, ao fazer de sua morte algo tão melodramático e emocionalmente volátil quanto possível, Curtis atingiu a imortalidade como uma versão de Werther (personagem de Goethe) do século XX.

Aclamado durante sua vida, desde os vinte anos de idade, Goethe foi um escritor cujo instinto para a beleza lírica permaneceu incomparável em relação aos românticos que o sucederam. São várias as opiniões sobre sua posição no cânone literário: os críticos mais duros o consideram um escritor de diários indulgente e burguês, mas seu seguidor mais apaixonado e talvez o mais lúcido, Ralph Waldo Emerson, defendeu sua vida como transubstanciação: "Um homem existe para a cultura, não para o que ele pode conseguir, mas para o que pode ser conseguido a partir dele."

Visto que Curtis era um gênio lírico, ele certamente nutria grande admiração por esse papel, e era reconhecido como tal quase que instantaneamente por seus colegas e pela imprensa. Curtis nunca se preocupou em descobrir quem realmente era, porque ele acreditava no romance e na arte como ideais, coisa que só os muito jovens conseguem fazer. Ele era um observador extremo da condição humana. Leu trabalhos importantes e famosos de história, filosofia e ficção, mas nunca foi um acadêmico. Seu talento era uma empatia inata pela condição humana, uma inabilidade para ignorar a hipocrisia, o fracasso e a estagnação que lhe permitiam enxergar nas sombras — mas, ao mesmo tempo, ele não suportava o peso das revelações que encontrava lá. Cada vez mais cego para a realidade, Curtis via o mundo como uma coleção organizada, se não decifrável, de significantes e ocorrências predestinadas, considerando a própria humanidade uma personalidade única e em constante evolução.

Os maiores trabalhos de Goethe — a autobiografia parcial *Os sofrimentos do jovem Werther* e *As afinidades eletivas* — são em parte contos morais que expõem a paixão desesperada da juventude e a morte desses sentimentos desenfreados nas mãos do casamento. Longe de condenar o casamento, Goethe oferece um conselho de amigo: no primeiro título, Werther comete suicídio em vez de viver sem sua musa inspiradora, que está casada com outro. O livro é considerado uma narração mordaz do egoísmo do personagem principal, uma mensagem de um Goethe mais velho e mais experiente para a versão mais jovem de si mesmo. *As afinidades eletivas*, que pode ser considerada uma continuação de *Werther*, lida mais especificamente com a tentação, e oferece um contraste entre a noção idílica do casamento como uma instituição sagrada e a satisfação mais imediata das novas experiências. O livro foi considerado imoral quando publicado, por sugerir que o amor pudesse ser uma reação química, mas o uso que o autor faz da fisiologia como evidência do destino ganhou, com a evolução da ciência, uma estima significativa entre os leitores da literatura ocidental. As divagações fervorosas de Werther são substituídas por um fatalismo quase místico que, com frequência, beira a predeterminação. Escrito muito mais tarde na vida de Goethe, esse livro, mais nostálgico, mais duro, encara os amores predestinados com desprezo, em um tom comedido, detalhando sua queda em direção a um adultério emocional.

O adultério de Ian Curtis é — ao menos para os fãs mais calorosos — um assunto desagradável de se abordar, mas é um fator importantíssimo para compreender seu colapso emocional, que não foi inteiramente um resultado da epilepsia, da medicação ou de sua rebeldia com relação aos conselhos médicos. Depois de se recusar a discutir o assunto por duas décadas, Tony Wilson escreveu sobre alguns momentos do caso que Ian manteve com a jovem belga Annik Honoré. (Mais detalhes sobre isso podem ser lidos no roteiro publicado de *24 Hour Party People*, em que ela sofre uma alteração fonética e designada como *Aneek*.) Vou pedir que você procure as memórias de Wilson sobre esse assunto, mas, como foi relatado por sua esposa, Deborah, a infidelidade de Ian não era novidade. Assim como muitos homens "alfa", Curtis era ao mesmo tempo possessivo e expansivo. Em *Touching from a Distance*, ela conta detalhes de várias transgressões, de seu comportamento impaciente e muitas vezes agressivo e até mesmo de alguns momentos desconfortáveis de intimidação física.

Casado aos 18 e pai aos 20 anos, Curtis levava uma vida dupla conflitante. No fim, a reputação que ele tanto queria — a realização de suas fantasias sobre Jim Morrison, Iggy Pop e David Bowie — aconteceu. Seu ego e seu egoísmo foram estimulados pela sua torcida de seguidores, a "raincoat brigade", e pelos membros e empresários do Joy Division, justificadamente empolgados — todos focados no sucesso da banda. As pessoas mais próximas só podiam dar conselhos relativos ao que Curtis contava para elas e, como disse Deborah, "ele pintava uma versão sombria de sua vida em casa". Ela sente que muitas das suas reclamações sobre a vida de casal vinham do seu eterno desejo de atenção, e em muitos momentos em que ela divide isso com os leitores, parece claro que Ian Curtis tinha graves distúrbios de personalidade. Mais que determinado, ele colocava suas vontades em ação, manipulava os fatos e gerava uma tempestade de confusão e carência ao seu redor. Quando estava com seus amigos, era despreocupado e divertido, ainda que às vezes perdesse a cabeça; mas em casa ele confrontava a realidade que o aguardaria quando seu papel poderoso de líder de uma banda admirada e popular chegasse ao fim — assim como, ele tinha certeza, tudo chegaria.

Ao longo dos meses de julho e agosto de 1979, seus ataques epilépticos aumentaram, conforme além do seu emprego regular, os muitos shows, as poucas horas dormidas e as sessões estendidas de "Transmission" agravavam seu cansaço. No fim de agosto, *Unknown Pleasures* tinha estabilizado sua reputação como favorito do ano de acordo com a crítica, e reportagens elogiosas foram feitas nas publicações *NME* e *Melody Maker* para a performance do Joy Division no enorme festival de pós-punk que durou quatro noites no centro de conferências Prince of Wales, na Tottenham Court Road, em Londres. Um dos críticos menos impressionáveis da época, Adrian Thrills, chamou a banda de "fenomenal". Os membros do Joy Division, então, finalmente abandonaram seus empregos e começaram a se preparar para uma turnê longa de abertura para os Buzzcocks, tentando atingir o maior público possível. Extremamente aliviado por deixar o emprego, Curtis sofreu apenas um ataque ao longo de agosto e setembro, antes do último show da banda em um evento da Factory, no Russell Club, em 28 de setembro. A noite é mais lembrada pela briga de Peter Hook com um grupo de skinheads, durante a qual ele quebrou o braço de seu baixo Rickenbacker em dois.

O Joy Division dominava grande parte das críticas sobre os shows dos Buzzcocks de outubro, se destacando nas revistas, assim como nos shows. Durante um intervalo no meio do mês, a banda tirou proveito da chance de tocar no Plan K, em Bruxelas, em 16 de outubro, junto com a banda mais experimental Cabaret Voltaire, em um show em que ambos os grupos fizeram a abertura para uma leitura do idolatrado escritor americano William S. Burroughs. (Ian foi rejeitado por Burroughs, o que o magoou muito, já que ele era fã do autor.) No Plan K, Ian conheceu ou se reaproximou de Annik Honoré; não se sabe se eles já se encontravam em segredo desde um show fora de Londres no fim de agosto, que nunca fora anunciado e tivera como plateia alguns poucos adolescentes alemães de um programa de intercâmbio. Qualquer que fosse o caso, a partir daquele dia de outubro, Ian se envolveu seriamente com Annik.

Stephen Morris disse: "Annik. Pense no que é entrar de cabeça em alguma coisa... Aquilo não ajudou em nada. Eu acho que ele só queria alguma mudança na vida, mas ele não sabia ainda o que era. Sei que ele se sentia muito culpado, e nós não ajudamos, porque tratávamos aquilo com olhares de reprovação o tempo todo. Ela era vegetariana, então a gente tentava convencê-lo a sair pra comer um *kebab* se ela estivesse por perto."

No final da turnê dos Buzzcocks, no início de novembro, as plateias pediam cada vez mais as músicas do show de abertura, vaiando quando o Joy Division saía do palco depois das curtas apresentações de meia hora. Grande parte do público ia embora, exausta, depois da abertura. O show de Birmingham, em 24 de outubro, foi uma exceção à norma, mas Curtis provocou o grupo de fãs entediados dos Buzzcocks dizendo: "Desculpem-nos, não somos o UK Subs." A plateia foi convencida. Os críticos, até então intrigados e em grande parte convertidos, já estavam bajulando a banda ao final de 1979. A maior parte deles eram meras testemunhas da marcante presença de palco de Ian Curtis. Ele demonstrava uma convicção e uma severidade que poucos críticos eram capazes de ignorar, ainda que Dave McCullough tenha tentado, depois de uma entrevista frustrante de poucas palavras com a banda: "Não há quantidade de obscuridade que vá me convencer de que a militância estática e turva do Joy Division seja real [...] a música (assim como a banda) é muito arrogante para ser verdadeira." Mas não havia dúvida a respeito do status da banda: o empresário dos Buzzcocks, Richard Boon, filmou os shows das bandas em duas noites triunfantes no Manchester Apollo no fim de outubro (o material foi mais tarde compilado para o filme *Here Are The Young Men*, da IKON/Factory Communications Limited).

No entanto, quando a turnê acabou, a banda (e em especial Ian Curtis) se viu em um aperto financeiro. O inverno foi passado quase em total pobreza. Ian recebia um salário mínimo de 15 libras da Factory enquanto Martin Hannett e Peter Saville negociavam uma oferta de mais de 1 milhão do vice-presidente de A&R da Warner Brothers, Bob Krasnow (que mais tarde se tornou chefe do Elektra/Asylum, casa de The Doors, e assinou com The Cure). Na época, "Transmission" estava vendendo bem — 5 mil cópias —, ainda que muito menos do que as expectativas irreais da Factory. *Unknown Pleasures* estava chegando a 15 mil cópias vendidas, e a maioria do lucro era dividida entre menos de dez pessoas. O Joy Division, assim como o New Order depois deles, nunca viu um centavo do dinheiro que ganhou, e é triste pensar que a oferta da Warner Brothers — que era muito maior do que o que a banda chegou a valer, tendo lançado apenas um álbum e dois singles que não chegaram ao topo das paradas no Reino Unido — tenha sido rejeitada por Hannett, que estupidamente disse a Krasnow que eles queriam apenas alguém que ajudasse a comercializar o álbum nos Estado Unidos. Hannett propôs a Krasnow, com toda a seriedade, que em vez de comprar o maior sucesso de sua gravadora, eles deviam ser distribuidores da Factory Records nos Estados Unidos. Temos de supor que Krasnow riu na cara dele. Depois de entender a oportunidade que haviam perdido, os integrantes do Joy Division marcaram uma reunião para negociar uma oferta ainda mais favorável em maio de 1980, mas não era para ser. O New Order mais tarde chegou a aproveitar o interesse leal da Warner, graças à intervenção de Quincy Jones, que assinou com eles um contrato para os Estados Unidos pela sua nova gravadora, a Qwest (no Reino Unido, a Factory continuou a sugar a banda).

Depois de um longo inverno passado quase na pobreza, e sabendo que Curtis estava envolvido com outra mulher e abusando emocionalmente de sua esposa, a Factory montou uma conveniente turnê europeia para janeiro. Ian saiu correndo, sem dizer adeus a Deborah, e continuou dizendo para os amigos da banda que sua vida de casado era terrível. Por mais egoísta que tentasse ser, Curtis continuava sendo acompanhado pela epilepsia, e não encontrou uma enfermeira solidária na jovem e moderna Annik Honoré. Ela parecia sempre muito desconfortável com seus ataques epilépticos, e não os compreendia. Segundo o engenheiro de som Terry Mason, ela se comportava de forma cruel com ele nesses momentos de necessidade. "Aquele episódio no Moonlight [...] o deixou arrasado, e ela não queria nem saber. Ele ficou destruído naquela noite." Bernard Sumner se lembra desse show, antes do qual Ian teve um ataque grave: "Fizemos alguns shows que não devíamos ter feito. Ele não estava bem [...] Fizemos o show do Moonlight quando ele estava realmente doente, e mesmo assim ele cantou. Foi uma estupidez."

Curtis foi estraçalhado pelas responsabilidades que tinha assumido. Ele estava apaixonado por um "outro eu" frio e cristalizado, ignorava sua esposa e filha tanto emocionalmente como pelo pouco tempo que passavam juntos, e desejava poder começar do zero. Não há dúvidas com relação ao sangue-frio de Curtis durante o caso com Annik, nem de sua consciência do impacto que causou. As músicas compostas no fim de 1979 e no início de 1980 expressam isso muito bem. "Passover" é particularmente sucinta: "This is the crisis I knew had to come/ Destroying the balance I'd kept" [Esta é a crise que eu sabia que tinha de vir/ Destruindo o equilíbrio que eu mantinha].

Não era surpresa que Ian Curtis *quisesse* cometer suicídio, mas é impressionante que ele tenha, de fato, conseguido. Ignorando as letras escritas por ele, houve — como geralmente há — uma tentativa de suicídio malsucedida em fevereiro de 1980. Logo após o retorno da turnê europeia em janeiro, Curtis virou uma garrafa de Pernod e rasgou a passagem do Livro do Apocalipse sobre Jezebel. Ele tinha cortes nos braços que podiam ser interpretados como acidentais, causados por seus movimentos descontrolados. Stephen Morris explicou a reação de Curtis: "Ele falava a respeito disso como se fosse alguma experiência religiosa estranha, enquanto eu achava que ele simplesmente tinha ficado bêbado e se cortado. A forma como ele contava a história, no entanto, era como se fosse só mais uma história... Achamos que ele estava se acertando."

Depois de alguns outros shows bem apresentados, mas visivelmente mais soturnos e calmos, em fevereiro, Deborah Curtis encontrou o nome Annik Honoré no caderno de Ian, e o confrontou. Ainda que ele tivesse prometido terminar com Annik, ela e Ian tinham feito reserva em um cômodo separado em Londres para a gravação de *Closer*, no Britannia Row, do Pink Floyd.

Stephen Morris: "Annik odiou as gravações. Ela dizia 'Isso tá parecendo Genesis'. O Ian ficou doido, achando que íamos ter de remixar tudo."

"Eu me lembro de estar no Britannia Row", conta Bernard, "e de perguntar ao Ian se ele estava se sentindo bem, porque ele vinha agindo de forma estranha havia dias. E ele respondeu: 'Parece que fui pego por uma correnteza e estou sendo arrastado e puxado para dentro d'água.' Eu acho... Acho que ele tinha pensamentos suicidas, mas nunca dividiu isso com a gente. Era como se ele achasse que era esse o destino dele."

Deborah Curtis, isolada, não chegou a ouvir as canções deprimidas que seu marido compunha para *Closer* e, na ignorância imposta por Ian, continuou a acreditar em suas mentiras. Depois de dois shows calamitosos no Moonlight e no Rainbow, em Londres, na Páscoa de 1980, marcados por repetidos ataques epilépticos, Curtis voltou para casa na segunda-feira, dia 7 de abril. Deborah entendeu imediatamente, com base no comportamento dele, a razão pela qual ele havia ficado uma noite a mais em Londres, mas não o confrontou. Naquela noite, ele foi até ela e disse que tinha tomado todos os comprimidos de fenobarbital que tinha em casa. Ela chamou uma ambulância e ele passou por uma lavagem estomacal. Ele tinha deixado um bilhete de suicídio.

Na manhã seguinte, Alan Erasmus, Tony Wilson e sua esposa, Lindsay, levaram Deborah ao hospital para ver Ian, que recebera alta depois de um breve período de observação. Wilson, em um esforço para tranquilizar Deborah Curtis, sugeriu que ela começasse a procurar outro marido — e ainda que, em um primeiro momento, isso tenha soado repreensível, Deborah mais tarde entendeu que ele estava dizendo que Ian não merecia o tempo que ela investia nele. Seus problemas e sua confusão eram resultado do desejo infantil que ele tinha de redescobrir o primeiro amor e da sincronicidade artística com Annik Honoré.

No hospital, ao lado de Ian, Lindsay Reade fez o que talvez tenha sido um dos mais belos gestos naquela situação angustiante. Dedicou a ele uma pequena passagem do dramaturgo britânico David Hare: "Não há conforto. Nossas vidas nos entristecem. Nós sonhamos em deixar tudo para trás, e isso acontece com todos que conheço." E entre as páginas da peça de Hare, *Skylight*, também se encontra um poderoso resumo dos sentimentos de Deborah, dito pela protagonista feminina: "Você não valoriza a felicidade. Você nem mesmo percebe, porque você sempre quer mais. Pelo amor de Deus, eu te amo! Mas eu nunca vou confiar em você, não depois do que aconteceu. Não existe paz dentro de você. Eu sei disso. Para mim, não há conforto. A energia é maravilhosa, mas com a energia vem o desassossego. E eu não posso viver desse jeito."

Deborah Curtis deu entrada no divórcio em abril de 1980.
Ian Curtis cometeu suicídio em 18 de maio de 1980.

5. A Helena

"Digital", "She's Lost Control", "Transmission", "Atmosphere", "Love Will Tear Us Apart"... Seria difícil apontar o momento mais importante em uma carreira de crescimento criativo tão extraordinário e contínuo. Mas se algum momento na história do Joy Division pode ser visto como o cruzamento da fronteira entre a intensa coragem juvenil e austeridade monolítica e o romantismo poético e sério pelos quais são lembrados, esse momento é o single *Licht und Blindheit*, gravado no final de outubro/começo de novembro de 1979 e lançado pelo selo Sordide Sentimental. A partir do momento em que o Joy Division gravou "Atmosphere" e "Dead Souls", Ian Curtis alcançou algo — não existe outra palavra para isso — eterno. Sua voz tinha sido aprimorada recentemente após exames técnicos (encorajados por Tony Wilson) das vozes de Scott Walker e Frank Sinatra, e, com essa maior expressividade, ele transformou seu crescente fatalismo e autoaversão em uma poesia mais simples, evocativa e angustiante do que qualquer outra coisa na história da música pop. Paul Morley referiu-se, certa vez, a "Atmosphere" como "o fim do pop", e ele estava certo. Deixando de lado a beleza inerente da canção, ela dá as costas ao ego, sucumbindo ao frustrante entendimento de que o sucesso tem recompensas superficiais. Curtis pôde ver que o público tão aguardado que agora ele tinha à sua disposição não conseguia mais empoderá-lo. Ele tinha perdido a força necessária para manter a receptividade do público ou converter novos fãs. Cada conquista era uma decepção para Ian Curtis, já que a realidade não conseguia se aproximar de suas fantasias. Sua resignação em "Atmosphere" é audível, e até hoje é avassalador contemplá-la.

O disco foi lançado com uma capa gótica dobrada, contendo um ensaio melodramático escrito por Jean-Pierre Turmel. Tirando esse ensaio — com sua prosa pretensiosa e esquisita, e seu esforço um tanto constrangedor para inserir o Joy Division em uma tradição filosófica que incluísse a todos, de são João da Cruz ao Marquês de Sade —, o single é impecável. A música é poderosa o suficiente para validar ou resistir ao arrogante texto do encarte. *Licht und Blindheit* é um dos mais expressivos vinis já lançados. "Atmosphere" usa os fantasmas do rock'n'roll americano, mais especificamente os singles da "parede de som" de Phil Spector e os barítonos calorosos dos Righteous Brothers. A canção integra perfeitamente esses ecos nostálgicos à harmonia de sons eletrônicos e modernos. O resultado é um hino inquietante e monástico que conduz à letra mais desesperançada que Ian Curtis escreveu. É impossível abreviá-la.

> Walk in silence
> Don't walk away, in silence
> See the danger
> Always danger
> Endless talking
> Life rebuilding
> Don't walk away
> Walk in silence

Don't turn away, in silence
Your confusion
My illusion
Worn like a mask of self hate
Confronts and then dies
Don't walk away

People like you find it easy
Naked to see
Walking on air
Hunting by the rivers, through the streets, every corner
    abandoned too soon
Set down with due care
Don't walk away in silence
Don't walk away

O delay que Martin Hannett usou sobre os tons da bateria, agudo e sutil, meio aquático, era perfeitamente sobreposto pela voz de Curtis. Os órgãos de catedral no refrão erguem-se em solidariedade, cada um deles como uma perceptível onda de memória e tempo quebrando, estonteante, em câmera lenta. "Dead Souls" é menos refinada — uma canção melancólica franca e fúnebre na qual a gritaria "They keep calling me!" [Eles não param de me chamar!] surge e ressurge várias vezes. A letra, um manifesto de sua condenação político-religiosa, vem da fascinação jovial de Curtis pela eternidade, uma proposta que os nazistas usavam para defender a ascensão da raça ariana. Bernard Sumner hipnotizou Ian uma vez, e ele disse ter morrido em uma vida passada. Curtis dizia com frequência à sua esposa que tinha vivido outra vida. "Dead Souls" é a única indicação clara de que Ian pode ter, literalmente, acreditado ter tido uma vida anterior. No mínimo, a canção documenta uma fantasia banal, porém, quando transmitida com essa certeza estridente e insana, é difícil contrariá-la. Curtis reencarna a história por três minutos, dançando com fantasmas e sombras. Leonor de Aquitânia teria feito dele um cavaleiro.

> Sessão de gravação da Sordide Sentimental
> Realizada no final de outubro/começo de novembro de 1979 nos estúdios Cargo, em Rochdale. Produzida por Martin Hannett ("Atmosphere" e "Dead Souls" foram lançadas como parte de *Licht und Blindheit* em uma leva de 1.578 cópias em março de 1980. "Ice Age" foi lançada em 8 de outubro de 1981 como parte de *Still* e na antologia *Heart and Soul*, de 1997).
>
> Atmosphere
> Dead Souls
> Ice Age

Em março de 1980, quatro meses depois de gravar *Licht und Blindheit* e algumas sessões de rádio — incluindo uma segunda *Peel Session* que antecipava a clássica "Love Will Tear Us Apart" em um ritmo mais rápido conduzido pela bateria —, o Joy Division completou suas últimas três sessões com Martin Hannett. As duas primeiras foram para "Love Will Tear Us Apart", a canção mais suave e universalmente acessível que a banda produziu e uma das poucas canções da banda a usar violões. Assim como a versão no LP de "She's Lost Control" gravada na mesma época, a frequência média da voz de Curtis, enfraquecida e afetada pelos remédios, é deslocada de forma sinistra se comparada ao resto do catálogo da banda.

Imediatamente depois de completar aquelas sessões, a banda mudou-se para o Britannia Row, estúdio de última geração que foi para o Pink Floyd o que os estúdios Strawberry, menos bem-equipados, foram para o Joy Division. Martin Hannett, por insistência da banda, mudou radicalmente sua abordagem de produção para *Closer*, misturando formas digitais com ecos mais vívidos, reproduzidos por alto-falantes em outras partes do estúdio. As pistas de bateria e as guitarras se beneficiaram desse tratamento mais analógico e, em contraste com *Unknown Pleasures*, controlam os floreios eletrônicos, que são mais sutilmente sobrepostos.

Em meio a um colapso pessoal (ainda que não necessariamente demonstrasse isso nas sessões), Ian Curtis descarregou meses de autoflagelo nas letras do álbum. A palidez jogada sobre o trabalho somente é perceptível em retrospecto, visto que as sessões mal duraram uma semana e foram mais um refúgio para Ian e Annik do que qualquer outra coisa. Ninguém teve tempo de processar o que estava sendo gravado, ou se eles estavam operando como a trupe coesa que ressoava em uníssono nos palcos dos shows. Ninguém pensava em *Closer* como o último álbum que a banda gravaria, porque dentro de um mês eles estavam agendados para tocar nos Estados Unidos, o sonho de todo adolescente inglês que já pegou numa guitarra. Ian comprou roupas novas para a viagem com Deborah. Todos estavam eufóricos.

Imediatamente depois de gravar *Closer*, em 4 de abril de 1980, o Joy Division tocou no Rainbow Theater em Londres, em um evento beneficente para Hugh Cornwell, vocalista da banda The Stranglers, que estava preso por posse de drogas. Embora o Joy Division geralmente mantivesse as luzes dos estabelecimentos acesas durante os shows a fim de prevenir os ataques epilépticos de Curtis, o Rainbow tinha luzes estroboscópicas viradas para o palco. Curtis perdeu totalmente o controle e caiu, batendo com a cabeça na bateria. Ele recuperou-se do ocorrido, porém ficou devastado com a incapacidade e vergonha de Annik em lidar com seu sofrimento.

Tony Wilson decidiu que a melhor solução seria que o Joy Division fizesse o show com um elenco rotativo de vocalistas, de modo que Ian Curtis pudesse descansar e evitar o estresse de cantar as músicas mais agitadas da banda. A ideia soou tão ridícula quanto agora, mas Wilson convidou Alan Hempsall, vocalista de uma banda que imitava o Joy Division, Crispy Ambulance (Hempsall também tinha entrevistado o Joy Division para um fanzine em janeiro). Wilson pediu ao Joy Division para criar uma sequência com as músicas cujas letras Hempsall conhecia melhor. O show de 8 de abril no Derby Hall, em Bury, acabou em tumulto durante uma apresentação empenhada de "Sister Ray" com Hempsall nos vocais. Peter Hook e o empresário Rob Gretton brigavam com alguns membros indignados da plateia que haviam sido provocados por um grupo de skinheads insolentes.

Chorando copiosamente com a visão daquele caos, sentindo-se responsável por tudo e tendo tentado se matar algumas horas antes, Curtis muito provavelmente cruzou uma linha naquela noite de 8 de abril e nunca mais voltou. Embora o Joy Division tenha feito mais três shows sem incidentes, a banda e a gravadora perceberam que precisavam descansar antes de ir para os Estados Unidos, pelo bem dos integrantes da banda. Seu último show foi no dia 2 de maio, na Universidade de Birmingham. Ele foi gravado por Martin Hannett e, mais tarde, lançado como parte do álbum duplo póstumo *Still*, de 1981. Foi a única vez que o Joy Division tocou "Ceremony" ao vivo.

"Ceremony" e "In a Lonely Place" passaram a fazer parte da lista de músicas do New Order, e foram as duas primeiras canções gravadas por Sumner, Hook e Morris depois de decidirem continuar sem Curtis. Elas foram as duas últimas músicas que Curtis finalizou com o Joy Division, e ambas soam como cartões-postais do além, com letras que parecem mais uma série de imagens estatuescas com refrões distantes, mortos. "Ceremony" culmina com "Avenues all lined with trees/ Picture me and then you start watching/ Watching forever" [Avenidas cercadas de árvores/ Me imagine e comece a observar/ Observar para sempre], enquanto "In a Lonely Place" demonstra uma nostalgia maior: "How I wish you were here with me now" [Como eu queria que você estivesse aqui comigo agora] Assim como acontece com tudo o que Curtis escreveu de *Unknown Pleasures* em diante, seu estado de espírito, olhando em retrospecto, estava totalmente claro.

Os últimos meses da vida de Ian Curtis foram tão melodramáticos e horripilantes quanto "Twenty Four Hours", a canção lúgubre mais inflexível e brutal gravada pelo Joy Division. Curtis descreve a futilidade que pairava sobre ele nesta terceira estrofe:

> I never realized the lengths I'd have to go
> All the darkest corners of a sense I didn't know
> Just for one moment I heard somebody call
> Looked beyond the day in hand — there's nothing there at all
> Looked beyond the day in hand — there's nothing there at all

Mas ele contraria esse fatalismo na estrofe final:

Now that I've realized how it's all gone wrong
Got to find some therapy — this treatment takes too long
Deep in the heart of where sympathy held sway
Got to find my destiny before it gets too late

"The Eternal" e "Decades" — os cantos fúnebres consecutivos do final de *Closer* — são as conclusões inevitáveis e contidas de que Curtis aceitou sua situação, e parecia conformado em finalizá-la mais cedo do que o esperado. É somente em "Passover", "A Means to an End" e "Twenty Four Hours" que ele demonstra algum desejo de lutar contra sua condição. Entretanto, conforme os colapsos no palco aumentavam e as drogas paravam de fazer efeito (ou faziam efeito demais), Ian Curtis ia desaparecendo, passando seus últimos dias com uma resolução atordoada, observando o mundo com um olhar lamentável.

Assim como acontece em todos os suicídios, é fácil dizer que o morto "desistiu" ou "cansou". Seguramente, nesse caso, é mais justo dizer que Ian Curtis *perdeu*. Ele perdeu para uma doença que nenhum médico podia curar, a mesma doença que não o deixou viver a vida com que sonhara. O fato de ele ter achado que aqueles sonhos eram mais importantes que as pessoas que o amavam demonstra sua juventude e ingenuidade. A epilepsia teve um peso muito grande em seu mal-estar físico, e ele tinha vergonha de viver uma vida tão indulgente ao mesmo tempo que seu caso com Annik se tornava menos um romance e mais um monumento ao seu idealismo. A poesia que Curtis criou a partir de suas observações obstinadas e sonhos idílicos não é capaz de validar suas convicções, tornando difícil, para aqueles que são tão apaixonados pela música como ele foi, não idolatrar seu gênio confuso. Não importa se ouvimos a música do Joy Division de forma casual, crítica ou romântica, só nos resta lamentar a esmagadora agonia e frustração que Ian não pôde suportar.

Agradecimentos

Este livro começou como um breve artigo chamado "An Ideal for Listening" [O melhor para se escutar],[1] publicado originalmente no site *Pitchfork* e mais tarde reimpresso sem minha permissão (nem reclamação) pelo fan site do Joy Division/New Order, o *World in Motion* (eles mudaram o título do artigo, sem mais explicações, para "His Story"). Escrito em apenas alguns dias, minha intenção com esse artigo era fazer um apanhado geral da carreira do Joy Division, mas ele acabou sendo pouco abrangente se comparado às minhas ideias. De todo modo, foi exaustivo escrevê-lo, pois a história havia sido acrescida retroativamente de muitos desvios, exageros e matérias publicadas pelo jornalismo alternativo, muitas vezes feitas por autores exageradamente empolgados com a mística da banda. Talvez este seja um assunto controverso, mas algo que sempre falta nas discussões sobre o trabalho do Joy Division é perspectiva. E só o tempo pode nos dar perspectiva. Por mais objetivo que alguém possa ser, e por mais distante que esteja da história, a música do Joy Division tem a mesma potência que qualquer droga: é esmagadora, entorpecente e certamente viciante. Eu

---

[1] O título do artigo é uma alusão ao título do primeiro disco do Joy Division, *An Ideal for Living.* [N.E.]

tive dúvidas sobre quanto poderia me custar uma análise tão detalhada, mas não pude recusar o convite do sempre solidário editor David Barker.

Pós-escrito

Ao final de seu livro de memórias, *Nothing*, Paul Morley — sem dúvida alguma a pessoa mais importante desta história que não estava diretamente envolvida com o Joy Division ou com a Factory Records no final da década de 1970 — ofereceu uma breve trilha sonora para a leitura de seu trabalho. Como tributo a ele, listo aqui as músicas e discos que ouvi regularmente enquanto escrevia este livro.

> *Before… but Longer*, The Czars
> "Sparkwood and Twentyone", Aix Em Klemm
> *LC* e *Another Setting*, The Durutti Column
> *Whatfunlifewas*, Bedhead
> *Sweat 'n' Soul: Anthology*, Sam & Dave
> *Three Imaginary Boys*, The Cure
> *Fight Songs*, The Fox Carnation
> *On Fire*, Galaxie 500
> *Lustwandel*, Roedelius
> *Marquee Moon*, Television
> "Second Dark Age", The Fall
> *Minor Shadows*, 1 Mile North
> *Barely Real*, Codeine
> *Monday at the Hug and Pint*, Arab Strap

Slattery For Ungdom, Alva
"Pur", Cocteau Twins
Boom in the Night, Bush Tetras
Constantines, The Constantines
"Spangle", Seefeel
The Final Cut, Pink Floyd
Live at KROQ, Morrissey
The Good Earth, The Feelies
"Final Solution", Pere Ubu
A Different Kind of Tension, Buzzcocks
"Loose Fit", Happy Mondays
II, The Sonora Pine
"Jealous of Youth", The The
Come on Die Young, Mogwai
"Trem Two", Mission of Burma
"Get the Message", Electronic
Dummy, Portishead
Spirit of Eden, Talk Talk
154, Wire
"Love Spreads", The Stone Roses
"Discreet Music", Brian Eno

© Editora de Livros Cobogó

Organização
Frederico Coelho
Mauro Gaspar

Editora-chefe
Isabel Diegues

Editora
Barbara Duvivier

Editora-assistente
Mariah Schwartz

Coordenação de produção
Melina Bial

Tradução
Gabriela Fróes

Revisão de tradução
Ligia Diniz

Revisão
Eduardo Carneiro

Projeto gráfico e diagramação
Mari Taboada

Capa
Radiográfico

CIP-BRASIL. CATALOGAÇÃO-NA-FONTE
SINDICATO NACIONAL DOS EDITORES DE LIVROS, RJ

O96u
    Ott, Chris
    Unknown pleasures / Chris Ott ; tradução Gabriela Fróes. - 1. ed. - Rio de Janeiro: Cobogó, 2014.
    120 p. ; 19 cm. (O livro do disco)

    Tradução de: Unknown pleasures
    ISBN 978-85-60965-89-2
    1. Joy Division (Conjunto musical). 2. Músicos de rock - Inglaterra - Biografia. 3. Punks. I. Título. II. Série.

14-18243
    CDD: 927.824166
    CDU: 929.70.007.20

Nesta edição, foi respeitado o Acordo Ortográfico da Língua Portuguesa de 1990, que entrou em vigor no Brasil em 2009.

Todos os direitos em língua portuguesa reservados à
Editora de Livros Cobogó Ltda.
Rua Jardim Botânico, 635/406
Rio de Janeiro-RJ-22470-050
www.cobogo.com.br

O LIVRO DO DISCO

Organização: Frederico Coelho | Mauro Gaspar

The Velvet Underground and Nico | *The Velvet Underground*
Joe Harvard

A tábua de esmeralda | *Jorge Ben*
Paulo da Costa e Silva

Estudando o samba | *Tom Zé*
Bernardo Oliveira

Endtroducing... | *DJ Shadow*
Eliot Wilder

LadoB LadoA | *O Rappa*
Frederico Coelho

Daydream nation | *Sonic Youth*
Matthew Stearns

As quatro estações | *Legião Urbana*
Mariano Marovatto

Songs in the Key of Life | *Stevie Wonder*
Zeth Lundy

Electric Ladyland | *Jimi Hendrix*
John Perry

Led Zeppelin IV | *Led Zeppelin*
Erik Davis

2015

_____

1ª impressão

Este livro foi composto em Helvetica.
Impresso pela gráfica Stamppa,
sobre papel Offset 75g/m².